日本人という生き方

小田島裕一

推薦

西田塾　日本アホ会会長　西田文郎

このたび、私の西田塾門下生である小田島裕一さんの本が出版され、大変嬉しく思います。

小田島さんは、アフリカのウガンダで青少年に野球を指導しました。

「野球を通じてウガンダ少年をジェントルマンにする」

そう決意してから六ヶ月後。劇的に人間的成長を遂げたウガンダ少年たちの姿を見て、私は驚きました。そして、彼らの成長を温かい目で見つめる小田島さんの姿に心が熱くなりました。

人間は、ただ良い思いを抱いているだけでは良くなっていきません。良い考え方を身につけるには、良い行動から始める必要があるのです。良い行動をすると、良い考え方が強化されます。プラスの行動はプラスの考え方を作り、マイナスの行動はマイナスの考え方を作ります。

小田島さんの本気がウガンダ少年の心に火を灯し、夢を育みました。そして、わずか二年の間にたくさんの奇跡を起こしました。

その一つに、平成二十年一月に行われたウガンダ国際交流があります。

「ウガンダの子供たちから日本人が学ぶ」というコンセプトで行われたこの交流には、実に七十社近くの民間企業が参画し、個人的にも多数の方々が関わりました。

「他喜力」

これは私の造語ですが、文字通り他人を喜ばせる力のことです。

「他人に対して労を惜しまず、喜ぶ姿が見たい」

人は自分のために本気で動くことは難しいのですが、人を喜ばせるためなら本気になれます。「他喜力」で生きる人は本気で動くことができます。

ウガンダの子供たちが「他喜力」を身につけ、本気で動いたとき、日本にいる「他喜力人間」を引き寄せ、大きな夢が実現しました。

その渦の中心にいた小田島さんこそ、ウガンダに最初に「他喜力」を伝えた伝道師だと私は思います。

私は、そんな小田島さんがウガンダでの二年間、何を考え、何をしてきたのか大変興味があります。

「日本人として、先人に喜ばれ、後世に誇りとされる生き方をしたい」

目を輝かせて私にこう話す小田島さんは、「日本の素晴らしさ」をウガンダで知ったといいます。

「百年後の日本のために、今、日本を教育から再興する」という高い志を持つ小田島さんを、今後とも応援していきたいと思います。

はじめに

私は、アフリカのウガンダ共和国で2年間高校野球を指導してきた。毎日、ウガンダの選手を指導しながら、いつも考えていたことは、「日本」との違いについてであった。当初は、ウガンダで起こることすべてが、特別なことのように思えた。

しかし、時間が経ち、日本や日本人について学んでいくにつれ、日本が特別であるということを知った。ウガンダに行き、働くことで、初めて自分が日本人であることを意識し、日本という国、日本人の素晴らしさを感じ、感謝する日々を過ごすことができた。

もし、ウガンダに行かなければ、私は、日本人であることに誇りを持てなかったかもしれない。また、日本がどんなに素晴らしい国かということも知らずにいただろう。

外国において、日本人への尊敬、信頼は大変高かった。尊敬や信頼といったものは一朝一夕では得ることができないものだけに、本当に価値がある。今、平和な国・日本に生まれてきたことは、決して当たり前のことではなく、特別なことなのだ。そして、今の豊かな日本は、先人たちの血のにじむ努力の上に成り立っているということに、今こそ、私たち日本人は気づき、感謝する必要がある。

「今の子供には夢がない」と言われる。

しかし私は、日本を2年間離れた今、日本は世界一夢を叶えることができる国だと胸を張って言うことができる。そして、「こんな素晴らしい国に生まれたにもかかわらず、人生で不平不満を言っているのは、たいへん勿体ないことだ」と思っている。世界のほとんどの国では、チャンスは平等に与えられているわけではないのだ。

もし日本の子供たちが日本に生まれたことで得ている可能性の大きさを知れば、自分の人生を大切に思い、懸命に生きることを選ぶだろう。日本人の当たり前は世界では特別なのだ。

日本人は日本人らしく生きることが自然である。人間として輝いてくる。そのことを私は、日本の良き習慣を身につけ、人間的な成長を遂げ、夢を実現したウガンダ選手から学んだ。

日本人の美しき習慣は、国境や人種の壁を越え、その素晴らしさを実証したのだ。

私たちは今、すでに素晴らしい財産を先人から受け継いでいる。

本書を読み、一人ひとりが、「日本人という生き方」を考え、より良い国を創っていこうという高い志を持ってくれることを願う。

そして一人ひとりが、それぞれの人生で先人に喜ばれ、後世に誇りとされる生き方を目指していこうという思いを抱いていただければ、幸いである。

「日本人という生き方」目次

第二部

ウガンダで知る「日本人の良き習慣」 33

第三部

奇跡の連続！「ウガンダ国際交流」 113

第五部　日本における私の使命　265

編集協力／株式会社チーム2－3
装丁・本文デザイン／石川宏子

第一部

夢に振り回された10年

第一章　何のための挑戦か？
挫折と迷走の七転び八起き

夢の実現を信じられない教師

私が「野球を通じた国際貢献」を志したのは28歳、教師生活5年目のときだった。赴任当初は荒れていた学校も、徐々に落ち着きを取り戻しつつあった。以前のように、反抗的で暴力的だった生徒はもういない。ただ、目の前にいる生徒に何か、若さやエネルギーといったものを感じられないことに疑問を持つようになった。

「何のために生きるのか」「何のために学校に来るのか」「何のために勉強をするのか」

目的のない一部の生徒たちの無気力さを目の当たりにし、何かが足りないと感じ始めていた。「何か生徒に夢を持たせ、それに向かわせることが必要なのではないか?」。そんなことを思っていた。

ただ私自身、夢を叶える人というのは、ごく一部の才能に恵まれた人だけであると信じていた。だから、自分のような平凡で何の取り柄もない人間は、夢を持ったとしても叶わないと思っていた。時折、生徒の書く夢、語る夢を応援することはできても、私自身が心底その実現を信じてあげることはできなかった。

夢の力の素晴らしさ

平成8年、とんでもない夢に挑戦した男がいた。元近鉄バッファローズの野茂英雄投手が、メジャーリーグで大活躍をしたのだ。今でこそ日本人選手がメジャーリーグで活躍するのは当たり前であるが、当時は「絶対に無理」と言われていた。日本球界で名声をほしいままにしていたあの野茂投手でさえ、無謀な挑戦と酷評された。だが彼は、日本での実績をすべて捨て、憧れのメジャーリーグに挑戦し、成功した。

その姿を見て、自分と野茂選手の決定的な違いを感じた。

彼は、150キロの剛速球とフォークボールがあるから一流の選手なのだと思っていた。しかし、もし自分が野茂選手と同じ立場だったとしても、同じように日本での実績・名声をすべて捨て挑戦することができただろうか。答えはノーである。絶対にできない話であった。

「今で充分満足。失敗したら損。失敗したら恥ずかしい、責められる」。そんな思いで、挑戦などしなかっただろう。

しかし、彼は、叶うかどうかわからない夢のために、覚悟を決めて単身アメリカに乗り込んでいった。技術や体力ではなく、何か人生に対する心構え、考え方というものに大きな違いを感じた。そして、彼が小さい頃からずっと不可能と思えることに挑戦してきたからこそ、プロ野球選手として一流になったのだということを確信した。

「夢を叶えるかどうかは、その人の才能ではなく、その人の考え方、心構えにある」

そのことを知ったとき、まず夢の力を信じたいと思った。生徒に夢を語らせる前に、自分が夢を持ち、語らなければならないと思った。

野茂選手のような教師になれば、生徒に夢を持たせ、その実現を信じられる教師になれる。

そして、私が持った夢が「野球で国際貢献」であった。

野球に恩返しを！

私は野球が上手い選手でもなく、いつもレギュラーと補欠の間くらいであった。それが、中学校3年生のときに主将を任された。それまでは、野球の上手い人が主将になっていたので黙っていても皆はついていった。でも、試合に出られるかどうかもわからない私のような選手では、他の選手をまとめることができなかった。

正しいことを言っても、聞いてくれない。誰もついてきてくれない。毎日練習後、誰かともめて喧嘩して、負けて泣きながら帰宅する。そんな日々がつらくて、先生に相談した。

「私では無理だから主将をやめたいのですが……」

そのとき、先生から後輩が書いた「小田島さんの言うことは誰も聞かない」「小田島さんがかわいそう」という作文を見せられた。ものすごく恥ずかしかった。

このまま逃げてやめたらずっとかわいそうな先輩と見られ、情けない人間になってしまうと感じた。

そのときから、人よりもまず自分が変わることを考えるようになった。

自分が、できることをしっかりとやる。手を抜かずに、一所懸命やるようにした。それが徐々に周囲に伝わり、私に対する部員の態度が少しずつ変化していった。最後の大会で優勝し、「小田島が主将だったからチームが勝てた」と言われたときには、言葉では言い表せないほどの達成感があった。

私が野球を通じて学んだ多くのことは、かけがえのない人生の財産となっている。だから、お世話になった野球へいつか恩返しをしたいといつも思っていた。海外に夢を持って飛び出した野茂選手を見たとき、ふとその思いをだぶらせたのかもしれない。

途上国に野球の素晴らしさを広め、私が野球で学んだ大切なことを伝えるという夢が、このとき見つかったのである。

夢は遠くから見るとき美しい　～挫折で軸がぶれる～

夢実現への道は登山に例えられる。夢は、登り始める前の山の頂である。遠くから眺めると美しい。私はアフリカの大地で、貧しい子供たちに野球を指導する自分を夢見て挑戦を始めた。しかし、山はいったん登り始めると様子が一変する。嵐になったり、道がぬかるんだり、ときには獣が襲ってくる。川が行く手を阻むこともあろう。夢はそれに向かって動き出したとたん、多くの困難にぶつかるものである。

私もそうであった。28歳で志した夢が一向に実現できず、8年の歳月が過ぎ36歳になっていた。青年海外協力隊の選考試験に落ちること、すでに5回を数えていた。

6回目の受験は野球ではなく、「理数科教師」であった。理由は、倍率が低く野球よりも合格しやすいと考えたからだ。私は英語教師であり、理数科の免許すら持っていない。この頃は、ただ「合格したい」という思いで受けていた。

面接官にこう言われた。

「あなたみたいな人が発展途上国に行くと困るのだ。彼らは、日本人の技術と知識に期待している。あなたみたいな〝ただ行きたいだけの人〟が行くと、相手の国が迷惑なのだ。彼らは真剣に生きているんですよ」

私の心を見透かしたような面接官の言葉を聞き、夢の限界を感じた。野球で5回落ち、倍率の低い理数科教師でも落ちることが確定した今、私に国際貢献のできる能力はないと考えた。挑戦から8年が経ち、家族も増えていた。私の中に、「あの頃と状況が違う。何も海外に出る必要はない。もう充分にやった」。そんな思いが去来した。東京から札幌に向かう飛行機の中、私は8年間追ってきた夢をあきらめた。「叶わない夢だってある」。そう自分に言い聞かせていた。

第二章 「自分のため」が「人のため」に そのとき運命の扉が開く

駒苫日本一に見る「野球の持つ魅力」

6回目の不合格通知が送られてきた。面接官の言葉で結果はわかっていたので、別段落ち込みはしなかった。もともとＪＩＣＡ（国際協力機構）とは、縁がなかったということだろう。海外で学ぶ方法は、いくらでもある。そんな風に考えていた。

それから1週間後の平成16年8月22日。私にとって忘れられない日となった。南北海道代表の駒澤大学附属苫小牧高校が夏の甲子園で全国優勝を果たしたのだ。北海道の高校生が野球で日本一になる。私は、夢にすら見たことのない光景を目の当たりにし、心が熱くなった。

「夢は叶う」

一見不可能に見える夢に、一見勝てそうもない強豪校に、臆することなく堂々と挑んでいく駒苫ナインの姿に感動し、勇気をもらった。

「野球は多くの人を一度に感動させることができる」

彼らの偉業を讃える道民の姿を見て、そのことを確信した。

「野球は人の心を動かす魅力を持っている」。この野球の力を借りて、発展途上国に貢献したい。再び、夢実現への熱い思いがこみあげてきた。8年前、野茂選手の夢への挑戦に感動し、夢の大切さを知る。そして8年経った今、「野球の持つ魅力」を駒苫ナインが思い出させてくれた。

「野球で国際貢献をする」

再び、私の夢に灯がともった瞬間だった。

目的の大切さを知り、目標が変わる　～何のために？　誰のために？～

7回目の挑戦は、野球だった。

実技試験において、他の若い受験生との技術差、体力差を感じた。青年海外協力隊の受験資格は39歳までである。このままの状況であれば、何度受けても結果は同じだと感じた。予想通り、7回目の不合格通知が届いた。

振り返ると、今まで6回の不合格通知を見たとき、その現実を素直に受け入れることができなかった。

「こんなに受験しているのに何で受からないのだ」

「途上国で役に立つのは指導経験者なのに、見ているところがおかしい」

「やる気、情熱をなぜ評価してくれない」

試験官、あるいは試験制度にまで文句を言っている自分がいた。結果が思うようにいかないとき、いつも誰かのせいにしていた。今思うと、「自分の夢実現のために、ただ合格したい」ということで、意地を張って挑戦を続けていたのかもしれない。合格の目的が「自分のため」だけでは結果はうまくいかず、口に出るのは不合格という結果に対する愚痴だけであった。

しかし、7回目の不合格の際は今までと明らかに違う受け止め方をしていた。結果を見て、これから自分のすべきことを冷静に考えていた。

もし今合格したら、私は嬉しい。ただ、相手の国の人たちは本当に喜んでくれるだろうか？

確かに今の実力でも、日本人というだけで歓迎してくれるかもしれない。しかし、今の私は野球で言えば、三流の指導者である。日本で何の実績も残していない。相手の国の選手のことを考えると、今、私が行っては申し訳ない。日本で一流の指導者になってから行った方がよい。その方が、きっと彼らは喜んでくれるだろうし、私も多くを与えることができる。そう考えると、今はまだ行くには時期が早いということになる。

そこには、不合格の理由を人の責任から自分の責任にする私がいた。試験に合格することよりも、まずは自分が相手の国の人々に喜んでもらえるような一流の指導者になることを考えよう。

自分に責任を求めて、相手の国のために何ができるかを考えたとき、「日本一の教師になる」という新たな目標が生まれた。もし日本一の教師が野球を指導しに来たら、途上国の人々は、今の私が行くよりも喜んでくれることが想像できた。

合格の目的が「自分を喜ばせること」から「相手を喜ばせること」に変わった瞬間から、運命の扉が開いていった。

高い志は、行動を変え、出逢いを変える

「日本一の教師になる」

この言葉を口に出して言うことは想像以上に責任を感じた。手を抜くことが許されないように思えた。また、恥ずかしさもあった。札幌で一番でもない。それどころか学校で一番でもない平凡な教師である私が、突然「日本一」を目指し、言葉に表すこ

とは、大ボラ吹きのように周囲から思われていたに違いない。

しかし、言葉の通り、日本一の学級を、日本一の学校を、そして、日本一の野球部を目指していく、積極的な自分の姿があった。「それは日本一の練習か？」「それは日本一の掃除か？」「これは凄い！　日本一の仕事だ」。何でもかんでも、日本一にこじつけて会話をしていた。

日本一の指導者がいれば会いに行き、日本一を目指す学校があれば訪れた。日本一を志した瞬間、日本一が私の基準となった。そして日本一の方々との出逢いが生まれた。磁石のように引き寄せられ、日本一の方々の情報が入ってきた。「日本一を目指した」瞬間に、私には、日本一や世界一の人に逢わなければならない理由ができたのだ。

多くの出逢いの中で、一つ気づいたことがある。世界一、日本一になった人は、素晴らしい。しかし、彼らも最初から日本一、世界一ではなかったということである。当たり前のことであるが、弱いとき、うまくいかないとき、もちろん困難な時代もあったのだ。しかし、彼らは、その弱いときに「一番になること」をずっと考えていた人たちなのである。自分の可能性を信じ、志を高く持ち続け、うまくいかないときに、世界一、日本一の方々とのご縁をつくり、学んでいたのだ。

日本一を目指すことは決して恥ずかしいことではない。出発地点は低くても、日本一を目指せば、誰でも日本一に近づくことができる。そして、出発地点が低いほど日本一との距離があり、その分自分は成長できる。日本一を目指したとき、すべての行動が日本一に沿ったものとなり、妥協を許さない自分になる。目標が低いということは、「自分は手を抜くよ」と宣言しているようなものである。

教師をやるからには日本一を目指す教師の方が、生徒にも保護者にとっても嬉しいはずである。日本一を目指すこと、私のやっていることは正しいのだ。

夢を実現するために、熱い思いを伝えることは、決して恥ずかしいことではない。むしろ恥ずかしがって、何をしたいか相手に伝えない方が、後悔する生き方といえる。そのことを多くの一流の方々から学んだ。

私の本気を見せるためにどうするか？　8回目の受験は目前に迫っていた。

熱い思いを伝え、自然に溢れ出てきた感謝の心

8回目の受験の日を迎える。今回は結果よりも、まず自分の思いをしっかり伝えることを考えていた。そのために、私の協力隊への長年に渡る熱い思いを綴った手紙を用意した。また、手紙には2年間の活動計画を添えた。

まだ合格もしていない段階だが、私が相手の国でどうやって野球を広め、野球を通してどんな人間を育てていくのかを綴った。もちろんそれらの手紙や活動計画は、合否には関係ないことは知っていた。ただ、私の中で何か熱い思いが湧き出てきて、抑えきれなくなっていた。「やれるだけやった」といえる何かがほしかったのだと思う。

しかし、熱い思いは奇跡を起こした。

3ヶ月後、補欠ではあるが、ＪＩＣＡからウガンダ共和国への協力隊合格の連絡があった。

担当の方が電話口で、「小田島さんの手紙に感動しました。是非頑張ってくださ

い」と言ってくれた。

「熱い思いが伝わった」瞬間だった。

ここまで来るのに10年かかった。まさしく七転び八起きであった。困難にぶつかり、あきらめようとしながら、登り続けてたどりついた夢の頂上である。

しかし、頂上にたどりついたときに、私の中に湧き出てきたものは、達成感や自信ではなく、意外にも感謝の気持ちであった。野球をやらせてくれた両親。指導してくれた先生たち。支えてくれた仲間たち。合格させてくれた面接官。そして、健康な体に生まれたことにも感謝の気持が湧いてきた。そのどれか一つでも欠けていたら、夢が実現することはなかったのだ。

自分一人の力では夢なんて実現できない。たくさんの支えがあって、恵みがあって今の自分がある。そんな当たり前のことを、夢が叶って初めて知った。

今思えば、夢の実現までのうまくいかなかった10年間で学んだこと、それが私の財産となっている。そう思うと、何回も不合格にしてくれた面接官にも感謝できる。いつも何かをあきらめ、中途半端にしていた自分が、不思議とこの夢だけは、あきらめることができなかった。途中思い通りにいかないことで、あきらめそうになったときもあった。しかし、その時々で素敵な方々との出逢いがあり、気づきをいただき、挑戦し続けることができた。

　人は本気で何かをやりきり、それを実現したとき、自然と次の夢が見えてくるという。ウガンダに行くという一つの夢を実現した私には、もうすでに次の夢が見えていた。

「日本の野球でウガンダ人を育て、彼らとともに大きな夢を実現する」

　青年海外協力隊参加に挑戦した10年の歳月は、不可能と思えることに挑戦する楽しさを私に教えてくれた。

第二部

ウガンダで知る「日本人の良き習慣」

第一章　自分を変えるのは難しい　人を変えるのはもっと難しい

ウガンダ選手との出逢い　～野球で人間を育てる～

平成18年9月。ウガンダ共和国・セントノアセカンダリー高に赴任した。中高一貫の男女共学の私立学校。私立学校は授業料が高いので、生徒の家庭は上位20％の富裕層であるという。

同僚になる野球部顧問のルワンガ先生と会う。「この学校は良い学校だ。生徒の成績も、態度も良い学校だ。とりわけ、野球部は素晴らしい選手が揃っているよ。すぐに強くなると思うよ」と選手を絶賛する。

「ところで野球部員の数は？」「50人から100人くらいかな。数はその日によって違うから……」

なんともアバウトな数字にとまどいながら、部員が多数いることに胸を躍らせた。

しかし、実際にグラウンドに行き練習を覗くと、選手は5人。しかも上半身裸でやっている選手やら、ガールフレンドに膝枕をされ耳掃除をしてもらっている者もいる。練習中に立小便をしている者、鬼ごっこをする者。誰一人として真面目にやっているようには見えなかった。

あきれて、ルワンガ先生に説明を求めると、真剣な表情で「今日はコーチが来ているからいつもより真面目だよ。これは、期待ができる」と語った。

真面目のレベルが低すぎる……。

気を取り直し、部室に案内してもらう。野球道具の数や状態を見たいと思っていた。必要ならば日本から取り寄せたい、そのように考えていた。野球ができる環境を整えていくことも、指導者の大事な仕事と考えていた。部室に入るなり、再び愕然とした。まるで「ゴミ箱のような」部室であった。

山のような書類に埋もれた机。積み上げられた数々のダンボール。そして、無造作に床に置き捨てられたグローブにバット。何よりも驚いたことは、先生も生徒もこの環境を当たり前だと思っていることだった。

5人の選手に目標を尋ねると、「ウガンダチャンピオンになりたい」と答える。「何のために野球をやっているのか？」と問うと、「楽しいから」と答える。今度は、彼らから質問があった。「コーチのいる2年間でウガンダチャンピオンになれますか？」。私は間髪を入れず、「チャンピオンになれる」と答えた。彼らは、喜びで笑顔になった。聞けば、現チャンピオンであるチャンボゴ高校には、今年1対30で破れているという。2年間で勝つには、早く上手くならなければならない。

だから私は、彼らの前でもう一言付け加えた。「ウガンダチャンピオンになるために、君たちは野球の前にすべきことがある」。

日本の野球でこの選手たちを育てる。

その日から、私たちの挑戦が始まった。

ジェントルマンになるために、セントノア野球部は存在する！

翌日のミーティングで、選手たちを前に、私の考えを話す。

「私たちはチャンピオンになって、ウガンダの野球のリーダーとならなければならない。そして、ウガンダの野球を進歩させなければならない。そのために、今までとは違うやり方でウガンダ野球の頂上に登りたい。チャンピオンになりたいと考えている」

ここで、日本の高校野球を紹介した。選手たちに、駒苫野球部の甲子園での優勝シーンのDVDを見せた。初めて見る日本の野球。甲子園の決勝戦。5万人を超す大観衆の中、同世代の選手たちが溌剌とプレーしている。

「プレミアリーグみたいに人気がある」「エキサイティングなスポーツだ」「日本の高校野球は人気がある」

次に、第1回ワールドベースボールクラシックの優勝シーンを見せた。選手の瞳は輝きを増し、背筋が伸びていった。

ウガンダでは、サッカーが一番人気のあるスポーツだ。野球人口は100名に満たなく、マイナースポーツの一つにすぎない。そんな彼らも、日本での野球人気の高さを知り、野球選手であることに誇りを持ち始めたようである。

「私は、日本の野球をモデルにして君たちを指導したい。いいか？」

「はい、コーチ」

日本の野球が世界一なのは、その目的が人間を育てることにあるからだ。野球を通じて君たちが良い人間になり、人生が豊かになれば、多くのウガンダの親たちが子供に野球をやらせようとするはずだ。野球人口も増えていく。自分の人生の成功のために、そしてウガンダの野球の普及発展のために、まず君たちがパイオニアとなって成功者になってみないか？　私は日本のやり方で、君たちをジェントルマンにしたいと思っている。人生は一回しかないからこそやってみたい。チームの目標は「駒苫」、そしてウガンダチャンピオン。個人の目標はジェントルマン。これでいいか？

「イエス、コーチ」

異国の地から来た日本人コーチの拙い英語にも、真剣に耳を傾ける選手たち。

私の意味するジェントルマンとは、「自分のためだけでなく、人のためにも喜んで動ける人」のことである。セントノア野球部は、選手一人ひとりをジェントルマンにするために存在する。野球はあくまでも人間力を育てるための道具である。野球で人間を育てる。この軸はぶれることなくやっていきたい。

私は、その日のうちに理念を作り、部室の壁に貼った。

【セントノア野球部　理念】　ジェントルマンになるために

1　私たちは、すべてのものに感謝します。
2　私たちは、礼儀正しく謙虚です。
3　私たちは、日々向上します。
4　私たちは、目標を立て、それを実現します。
5　私たちは、チャンピオンのように振る舞います。
なぜならば、私たちはチャンピオンだからです。

選手たちに尋ねた。「この理念でいいか？」。

彼らとは、文化や言葉の違いがある。宗教も違う。日本では正しいことでも、彼らにとって違和感があると困る。彼らの価値観を知ることが必要だった。

「コーチ、最高の言葉ばかりです。いいこと言いますね。コーチは天才です」

お世辞の混じった答えを聞き、安心した。彼らにとってもこれらの言葉は正しいのだ。当たり前のことなのだ。

しかし、実際の行動、言動は全く逆であった。私の第一印象は次のような感じであった。

彼らは、感謝の気持ちを表現するのが苦手であった。練習中ボールを拾ってあげる私に対して、「ありがとう」の一言もない。こちらが挨拶をしても、無視をするか横柄に思える態度で返してくる。話を聞く姿勢も、肘をつき、集中せず、どこか違う方を見ている。そこに、真剣さは感じられなかった。毎日向上するという考えは、持っていないように思えた。友人とのおしゃべりで一日の大半が過ぎていく。私には、時間を無駄にしているように見えた。

「ウガンダは貧しい」と不満をいい、日本をうらやましがる選手たち。彼らには明確な目標もなかった。だから実現もしない。

彼らはウガンダチャンピオンになりたいと願っていたが、立ち居振る舞いがチャンピオンにふさわしいものではなかった。

チャンピオンになってから、チャンピオンのように振る舞うのでは遅すぎる。彼らには、チャンピオンになる前からチャンピオンにふさわしい行動を求めた。

彼らは正しい振る舞いを頭では理解していた。しかし、人は忘れやすくできている。だから、いつもこの理念を心に刻みこむために、毎日練習の前にチーム全員で唱和した。部室の壁に貼り、チーム全員が毎日見るようにした。

言葉は人生を決める。いわゆる「言霊」を信じて、何度も何度も、理念を繰り返し唱えた。

ウガンダに来る直前、元アトランタ五輪・女子バレーアメリカ代表のヨーコ・ゼッターランドさんのお話を聞く機会があった。私は彼女に質問した。

「弱いチームを強くするために最初に何をやりましたか？」

彼女は、大学入学時6部だった弱小チームを、なんと4年間で日本一に導いた実績があった。弱いチームを強くする秘訣を知りたかった。彼女はこう答えた。

「毎日練習のときに、日本一になると言っていました」

誰もが最初から日本一ではない。ただ、強くなるチームは、弱いときに考えていることが違う。チャンピオンになるチームは、弱いときにこそ高い目標を持ち、それを忘れない。チャンピオンは、チャンピオンでないときから、チャンピオンらしく振る舞うのだということを彼女の言葉から知った。

ジェントルマンのように振る舞うことから「ジェントルマンへの道」が始まる。毎日の理念唱和で、私たちが野球をやる目的が明確になっていく。大切なのは「目標」よりも、むしろ「目的」。

何のために野球をやるのか。私たちは、「ジェントルマンになるために」野球をするという明確な目的を持ち、夢への挑戦を始めた。

日本の躾で心が変わる

ウガンダに来て驚いたのは、文化の違いである。

まず、時間を守らない。いや、時間という概念があまりないといえる。学校の教室には時計がなく、生徒も腕時計を持っていない。学校で唯一ある校長室の時計も、2年前から壊れていた。時間をさほど意識しなくても、生活を送ることができるのだ。

また、後片付けや整理整頓ができない。これは、発展途上国全般にいえることだ。机、椅子を外に出して授業をした後、片付けは翌日にやる。だから、机や椅子が傷みやすい。物を大切にしないため、いつも物に困っている。さらに壊れた机や椅子を教師が用務員のところに持って行き、修理を頼んだとしても、それらは戻ってこない。用務員がそれらを修理して、他の業者に売るか、廃材として売ってしまう。だから教室は、全員の生徒が来ると困ることになる。机や椅子の個数が生徒数よりもはるかに不足しているのだ。日本に比べると、すべてのことが信じられなかった。

一日の授業が終わっても、生徒が掃除をして帰る習慣はない。たとえ教室にゴミが落ちており、汚いままであっても、そのままにして下校し、翌日はそのまま授業に入る。それは学校だけではない。社会全体において、ポイ捨てが文化となっている。道路はいつもゴミだらけである。手にしていたゴミは、すべてその場に捨ててしまう。ペットボトル、ビニール袋、バナナの皮など、燃えるもの燃えないものにかかわらず。まるで原始時代の生活習慣を現代に持ち込んでいるように思えた。地球環境への意識が高まっている日本では考えられないことが、文化となっていた。

思うに、これらの根底に流れるものは、「自分さえ良ければ」という考え方だと言えよう。やはり「貧困」というものが、その背景にあるのだろう。たしかに、自分が食べることに精一杯なのに、他人のことを考えるのは難しいのかもしれない。しかし、「自分さえ良ければよい」という考え方でビジネスをするならば、やはりうまくいかない。特に、接客態度はすこぶる悪い。サービスという概念がない。レストランにおいても、ウエイトレスはお客が来ても平気で無視して食事をしている。理由は「食事が冷めるから」である。優先順位がどこかおかしい。お客のためにサービスをすることが損だと思っている。サービスが利益につながることを知らないようだ。

「自分さえ良ければ」という考え方ではなく、「人を喜ばすために」という考え方を持つウガンダ人がもしいるならば、ウガンダで成功できるのではないかと思った。

教育哲学者の森信三先生が提唱された再建の三大原理、「時を守り、場を清め、礼を正す」。

この3つのことを守れたら、どんな荒れた学校も、うまくいっていない組織も良くなるという。これをウガンダ選手に徹底的に守らせた。

改めて見てみると、日本の躾というものはよくできている。

時間を守れない人は、相手のことを考えていない人である。また、後片付けや掃除がきちんとできない人は、次に使う人のことや周囲の人のことを考えていない人である。礼儀や服装がしっかりしていないのは、相手や周囲の方に対し尊敬の気持ちが足りない人である。逆にこの3つのことをしっかりと守れば、相手のこと、周囲のことをきちんと考えられる人間になれるだろう。

「和をもって貴しとなす」

日本人の大切にしているこの考え方が根底にあるならば、三大原理を守ることができる。

ウガンダ選手の「自分さえ良ければ」の考え方を、「人を喜ばせるために」へと変えるために、まず行動を変えることを試みた。行動、姿、形、言葉、目に見えるものを変えてから、目に見えない心を変える。と同時に、目に見えない心を耕し、養うために、読書を始めた。

心を変えるためには、具体的に動くことが必要だ。それが、早朝の校内清掃と読書であった。月曜日から土曜日まで、毎朝5時から読書と校内清掃をチームで行うこととし、私たちの自己変革への道が始まった。

一進一退の日々

日本の躾でウガンダ人をジェントルマンにする。そう思いスタートした。躾というのは、説教では身につかない。ましてや、ここは文化の違うウガンダ。親、兄弟、親戚、先生を含め、それができている大人はいない。日本流を身につけるには、コーチである私がまず見本になるしかない。

選手たちは、毎朝4時半に学校の教室に集合。彼らは寮生であるため、寮から教室まで30秒で到着する。5時から6時まで教室で読書をする。その後、6時から校内の清掃活動を行い、7時からの授業の開始に備える。

一方、私の住居は学校から車で15分くらいのところにある。起床時間は、選手に比べ当然早くなる。毎朝3時30分起床であった。

またウガンダでは、定刻で運行するバスもないため、いつ来るかわからないバスを早朝4時から、日によっては1時間近く待つことになった。時間を守れない文化の中で、自家用車のない私が公共の交通機関を使い、時間を守ることは想像以上に難しいことだった。

しかし私だけは、選手の見本であるだけに、遅れることは絶対に許されなかった。雨が降れば平気でサボる選手たち。ウガンダでは雨が降ると仕事が休みになる。年間6割以上は雨が降るウガンダでは、仕事の効率が悪い。選手も大人と同じく、雨になると動きが鈍る。

前日眠れなければ、仮病を使う選手たち。自分が眠くなれば、他の選手が掃除をしていても、寮に帰って休む選手もいる。そんな選手に対しても、誰も責めない。自分もそうしているからである。そんな選手たちに怒り、怒鳴る日々であった。

ある年長選手は質問をしてきた。

「コーチ、なぜ自分たちの使っていない教室を掃除するのですか？　他の生徒が汚したのだから、その生徒がやるべきだと思います」

確かに一理ある。選手の中には、20歳を過ぎた者もいた。私のやり方を理由なく、納得することの方が難しい。躾は、「つのつく年齢、つまり9歳（ここのつ）」までは、理由なく身につけられる。10歳以降に新しい習慣を身につけるには、それを身につけたときのメリットを明確にする必要がある。つまり、理由付けが必要になってくる。ただ「やれ！」では、続かない。

「君たちには、ビジネスで成功してほしい。そのためには、〝自分さえ良ければ〟という考え方ではうまくいかない。日本では、〝人を喜ばせるために動く人〟がビジネスで成功している。君たちが成功するためには、考え方を〝自分さえ良ければ〟から〝人のために〟に変える必要がある。

考え方を変えるために、私たちは今行動を変えている。毎朝、他の生徒のために、学校のために掃除をすることで、私たちは考え方を変え、成功に近づいているのだよ」

説明に納得する選手たち。しかし、新しい習慣は身につくのには時間がかかった。古い習慣が顔を出し、失敗を繰り返す日々。

「こいつら馬鹿じゃないか？」「本当に意志の弱い奴らだ」

そんな風にいつも思っていた。いつしか、学校に行くことが憂鬱となった。

「今日もまた、サボっている姿を見て、腹が立って、そして悲しくなるのではないか」

「自分が必死になって時間を守っているのに……なんで守れないんだ」

そのように考えていると、彼らの悪いところばかり目についた。

自分で蒔いた種なのに、自分でやろうとしたことなのに、いつしか弱気になっている自分がいた。赴任時、周囲の方々からは、「ここはアフリカなのだから、日本流を押し付けない方がよい」「2年の任期では短すぎる」「相手の文化を尊重し、人間関係を大切にすべき」というような助言もいただいた。

しかし私は、「すべての人間に可能性がある」「ウガンダ人だってできる」と信じていた。ただ野球を楽しませるだけなら、コーチは私でなくてもよい。私が指導するからには、私にしかできないことに挑戦し、それを成し遂げたいと思っていた。それが「ウガンダジェントルマンを育てること」だったはずだ。

だが、彼らの度重なるミスに、「やっぱりできないのかもしれない」と弱気になり始めていた。

朝の活動を始めて、ちょうど3ヶ月目であった。

主体変容　～自分を変え、相手を変える～

選手の態度によって一喜一憂する。そんな心が不安定な時期は、「せめて自分だけは、どんなことがあっても、2年間やりきる」という決意によって終わりを告げた。

主体変容という言葉がある。選手を変えるためには、まず指導者が変わることが大切ということである。そして、自分を変えるきっかけとなるのが、「気づき」である。その気づきが、ある日突然やってきた。

毎週月曜日は、練習を休みにして部室の掃除と道具の手入れを行っている。選手の一人であるジミーが掃除中に「コーチ、洗剤がほしいのですが」と頼みに来た。「何のために使う」「ボールをきれいにするためです」「ボールを?」「もっときれいになると思います」

軟式ボールを洗剤で洗うという発想は私にはなかった。せいぜい、タオルでの水拭き程度でよいと思っていた。彼らは、私の予想を超えることをやろうとしていたのだ。茶色のボールが洗剤で真っ白になった瞬間、彼らの顔に笑顔が溢れた。

「もっときれいにしよう」

そういう思いで毎回仕事をしている中で、新しいアイディアが浮んできたのだろう。ジェントルマンになるために、私を信じてついてきて、そして短期間で成長している選手がここにいる。

サボる選手、続かない選手に頭を悩ませ、怒りを爆発させていた自分。しかし、私を信じてコツコツ正しいことを積み重ねている選手の存在に、初めて気づいた。この子たちを絶対にジェントルマンにし、成功させてあげたい。心の底からそう思った。

そのために、まず私自身がここウガンダで躾をしっかりと守り、本物の日本人とならなければならない。

選手は指導者の器を超えることはできない。そう思うと、今私のすべきことは、選手たちの人生の成功のために、私自身を成長させることなのだ。基準となる私のレベルが低ければ、彼らの人生はどうなってしまうのだろうか。ウガンダでの私の生き様が彼らの人生を決定する。私には、彼らの人生に対して大きな責任がある。身の引き締まる思いがした。

改めて思えば、彼らの今までのミスは、自分の日本での生活態度の鏡のようだった。日本での私は、言い訳をして、時間に遅れたこともあった。掃除を選手に任せたこともあり、手を抜いたこともあった。整理整頓も、汚くなってから始めるタイプであった。どこかで、手を抜き、楽をしようとしていた。

時間を守る、掃除をする、挨拶をすることの大切さを、本当の意味で理解していなかった。それなのに、彼らがミスをするたびに私はいつもこう言っていた。「日本人は全員こういうことができるから、日本は豊かな国なのだ。本気になれば、お前たちもできるはずだ」

しかし実際は、私は日本人でありながら、そういったことを軽視していた。彼らのミスは、自分の弱さを見ているようで嫌だったのかもしれない。私自身が習慣になっていないものを、彼らに要求していたのだ。このとき、彼らのミスを責める前に、まず自分が本物の日本人になることを決意した。

彼らの進歩に一喜一憂していた自分には、どこか焦りがあった。2年間という短い期間の中で成果を出したい。どこかでそう思っていた。このウガンダという困難な環境で、私自身が自己を律し、彼らの良い見本になることができたなら、それはそれで自分にとって価値のあることなのだと思うようになった。

選手の行動はコントロールできないが、自分の行動は自分でコントロールできるのだ。

私が、うまくいかない原因を選手の問題ではなく、自分自身の問題ととらえるようになってから、不思議なことに、選手たちが想像以上に速く成長していった。

心のコップを上向きにする

朝の清掃・読書活動をやり始めた当初、選手たちからこう言われた。

「コーチ、ウガンダチャンピオンになるために、もっと技術練習をしたらどうですか？」

ウガンダチャンピオンになると言いながら、毎日、遅刻や掃除、挨拶で叱られる日々を過ごしていた選手にとっては、意味がわからなかったのだろう。だから、理由付けをしっかりと説明する必要があった。最初に会った選手たちの態度はひどかった。時間は守れない。練習はさぼる。嘘は平気でつく。人の話は集中して聞けない。姿勢が悪い……。

そのような状況は、心のコップが横、あるいは下を向いているようなものである。いくら良い技術指導をしたところで、水はコップに入らず、こぼれるだけである。選手はコーチの言うとおりやっているのに伸びない。だから、しだいにコーチに対して不信感が生まれ、野球がつまらなくなる。このような悪循環が起きてくる。

短期間で選手の技術を伸ばすために、この心のコップを上向きにする必要があった。短期間で伸びれば、野球が楽しくなり、コーチへの信頼感も増す。本当の楽しさとは、自分の成長を実感したときに味わうものである。楽しくなれば、もっと伸びていく。だから、まず最初に、選手の心のコップを上向きにしなければならなかった。そのために必要なのが、「時を守り、場を清め、礼を正す」ということであった。これが自然とできていくうちに、心のコップが上を向いてくる。技術練習時間は、以前と変わらず短時間であったが、朝の活動にまじめに取り組んだ選手が、目に見えて上手になっていった。短期間で上達するコツは、やはり「素直であること」に尽きる。素直な選手は、乾いたスポンジが水を吸うかのごとく、技術ポイントを理解し、それを身につけていった。

その成果は、すぐに試合の結果にもつながっていった。チャンピオンチームであったチャンボゴとは、最初の試合は1対19で敗れた。しかし、その1ヶ月後には4対14の試合を演じることができた。

指導してから3ヶ月後には2対3となり、6ヶ月後には9対10とほぼ互角の戦いができるまでになる。技術練習時間は1時間のまま変わらなかったが、練習の精度が上がっていったのだ。

選手も結果が出てきているので、私のやり方を信頼するようになっていった。

また、心のコップを上向きにするため、その他にも彼らには日常生活で日本人の良き習慣を徹底させた。彼らと接してきて感じたことは、日本人とウガンダ人の違いは、能力の差というよりも、習慣の差にあるということだ。

そもそも人間の脳は、無意識でいると自然と楽な方を選ぶようにできているという。だから、いつも意識して行動することが、新しい習慣形成には必要となる。無意識で行えるくらいまで繰り返し習慣づけることで、ジェントルマンに近づくことができる。新しい習慣を、「歯磨き」のレベルまでになることを目指した。

彼らに意識させていた習慣がある。チーム全体で、毎日この中の10項目をノートに書き、できたかできないかをチェックし、一日の生活を反省することを日課としていた。

- 自分から大きな声で挨拶をする
- ベッドのシーツをきれいな状態にする
- ゴミを拾う
- 早寝早起きをする
- 時間を守る
- 返事を大きな声でする

- 人の話を、腰骨を立てて聞く
- 服装を正す
- 服をきれいにたたむ
- 使ったものを片付ける
- 椅子を中に入れる
- くつ、スリッパを揃える
- かばんのチャックを閉める
- 人をほめる
- 「ありがとう」を10回以上言う
- 読書と学習をする（短時間でも毎日）
- 夢を書く
- 夢を口に出す
- 夢を持つ
- 日誌をチェックする

●明日やることを書く

立腰《りつよう》教育の実践

ウガンダの子供たちは、横になるのが好きである。木陰があれば、そこで横たわっている。本人たちに聞くと、体を休め、エネルギーを充電しているのだという。しかし、彼らの緩慢な動作、集中力のなさを見ると、充電になっているとは思えない。

ウガンダに行く直前、福岡県の仁愛保育園で実践されている「立腰教育」のビデオを見て感動した。椅子に座るとき、整列するとき、腰骨を立てることで背筋が伸び、姿勢が良くなる。これを教育の柱に据えると、子供からエネルギーが溢れてくるという。

生き生きと活動する子供たちを見て、腰骨を立てることの大切さを知った。姿勢が正しくなると、呼吸が深くなる。座禅と静座のエッセンスを取り込んだ立腰教育。そこに日本教育の真髄を見た。

考えてみると、動物と人間の違いは背骨の向きにある。動物の背骨は横向きであり、人間は縦向きになっている。人間の背骨が横になるときは、病気になる、亡くなるときなど、エネルギーが弱くなったときに限られている。

実際、日本の子供たちを思い出しても、人の話を聞くとき、背筋のスッと伸びている子供はエネルギーが溢れ、我慢強かった。

腰骨を立て、背筋を伸ばす。ただこれを意識するだけで、肘をついていたり、のけぞって人の話を聞いていたりしたウガンダ選手の姿勢は美しくなっていった。

美しいということは、自然であり、理にかなっていて無駄がないということである。だから、自然と体中にエネルギーが湧いてくる。

「腰骨を立てる」だけで、選手間に元気が溢れ、顔つきも変わり、野球だけでなくテストの成績までも短期間で伸びたことには驚いた。

体の軸がまっすぐになると、心の軸もまっすぐになる。心のコップも上向きになる。

「立腰教育」の素晴らしさは国境を越えた。

当たり前のことを素晴らしくやる

世のため人のためという心を持つために、朝清掃、朝読書を始めて新しい習慣を意識させ、定着させようとして6ヶ月が経った。心を変えるために、まず行動を変えることを行った。

時間を守り、さわやかな挨拶とともに始めた朝の校内清掃が、その具体的行動であった。まさしく「躾」の部分を徹底させた。また同時に、朝の読書を通して心を育てることも行った。

全寮制であり、騒音の中で生活をする選手たち。心を休め、静寂の時間を持つことはできない。出逢った当初、私の話も集中して聞けない状態であった。静寂を楽しむことができなかったのだ。小さい頃から大家族の中で育ち、静寂のない環境に育った彼らは、静かになることを恐れているように見えた。

この朝読書が、彼らにとって一日の中で唯一、静寂を楽しむ時間となった。朝のひととき、心の水面を穏やかにさせることで、彼らの集中力は見事なほど高まりを見せた。毎朝、チームとして1時間半の間、背筋を伸ばし、教室で一言もしゃべらず、黙々と学習をする選手たち。日本人における「座禅」のような効果が、朝の読書にはある。読書で心を穏やかにし、集中力を高め、朝の校内清掃に入る。

掃除も、最初はやり方から教えた。ウガンダ人は「四角い部屋を丸く掃く」と言われている。

部屋を掃除するとき、日本人なら四隅から掃いていくだろう。しかし、彼らは真ん中から掃き始める。そして、四隅については、目に付きづらいので無視する。四隅はゴミが溜まったままである。

したがって、「四角い部屋を丸く掃く」ということになる。

見えるところだけを大切にするウガンダ人と、見えないところも大切にする日本人。

仁愛保育園の石橋冨知子園長は言う。「単にゴミを拾うことが掃除本来の目的ではありません。塵が有るのか無いのかを、かがんで、四隅を見て、十本の指を使って一つ一つ確認し、理解していくのです。一所懸命掃除をすることで、隅々を見る人間、いろんなことに気づく人間が育ちます。掃除を心がければ人間が傲慢になりません」。

掃除の意義は深い。まず私が見本となり、選手とともに、気づく人間になるべく取り組んだ。

掃除の回数が、200回を超えたあたりから、彼らの掃除は私よりも丁寧なものになっていった。選手は、掃除をすることで、「汚いところ」と「きれいなところ」の違いがわかるようになっていった。それとともに、「気づく人」に成長していった。

表情や態度から、仲間の気持ちを察する選手、道具の手入れや扱い方、集合時間により、チームの状況を感じ取れる選手が増えてきた。

そして、最初は明確な夢を持っていなかった選手たちに少しずつ夢が芽生えてきた。

「自分のためだけでなく、人を喜ばせるために動ける人」＝ジェントルマンに近づいていくにつれ、選手の夢が明確になり、育っていった。夢というものは、「人のために動く」ことの延長線上にあるのかもしれない。彼らを見てそう感じた。

私たち日本人なら当たり前の習慣を、彼らウガンダ選手たちは持っていなかった。いや、ただ文化にないので知らなかっただけだ。私たちの当たり前の習慣を身につけたなら、それは彼らが人生を生きる上での最高の武器になる。

日本の躾、伝統精神は本当に素晴らしい。ウガンダ人を短期間でここまで成長させてしまった。

異国の地でただ一人、日本の躾の素晴らしさに感動しながら、選手の確かな成長を感じていた。「アフリカのリーダーになる」「ウガンダの子供たちにジェントルマン精神を教えたい」と大きな夢を語る選手を見て、頼もしく思い、指導者として嬉しかった。

そして、そんな彼らを心から尊敬した。

第二章　変わり始めた子供たち

リーダーの交代

チーム力を高めるには、良きリーダーの存在が不可欠である。

ウガンダのリーダーは雄弁である。良いことを言う。しかし、行動が伴っていない。先生は、生徒に時間を守るように言うが、自分は守れていない。先生は、生徒に掃除をさせるが、自分がすることはない。指示することがリーダーの務めとなっている。当然、チームも同じ構図になっている。私が赴任した当初は、最上級生のアンブロースが実質的なリーダーであった。彼はスポーツ委員長を務め、先生からの信頼も厚い。

野球部内でも、時間のことで後輩に説教をすることがたびたびあった。しかし、朝の活動には彼はよく遅刻していた。理由は「朝が弱い」からだった。

真のリーダーは、「知行合一」である。言っていることを実践することに尽きる。私はそれをアンブロースに求めてきた。まず、上級生が下級生の見本になるべきであると。普段の朝の活動は手を抜き、放課後の技術練習には欠かさず参加するアンブロースに、技術よりも心や姿勢が勝利に大切であるということを知らせる必要を感じていた。

そこで、ある大会で、「まじめな選手」を11人選び参加した。技術ではなく、年齢でもなく、取り組む姿勢だけで選んだ。年功序列、技術優先を取り払った結果、アンブロースは選に漏れた。

するとどうだろう。アンブロースは、自分が選ばれないことを不満に思ったのか、試合前の練習を見学していた。理由は「午後からサッカーの試合があるので疲れないように休んでいる」とのことだった。チームワーク精神のかけらも感じられない彼の言葉に、あきれた。さらにひどいことに練習が始まると、練習を見学しながら歌を唄い始めた。とうとう私の怒りは頂点に達した。

「出て行け。野球を今すぐやめろ」

それで終了である。その場で本当にやめさせた。彼のやりたい野球と私の野球が違っていることは知っていた。それを埋めるために、読書や勉強をやった。しかし、難しかったようだ。誠に残念である。

彼は、ユニフォームをたたき返すとともに、手紙を置いていった。手紙には、私への不平不満が書かれていた。

「コーチのやり方についていけません。コーチのやり方はアフリカ的ではない。絶対にうまくいかない。コーチはすぐ怒鳴るし、短気だから嫌いだった」

一部合っている部分もあり、それについては貴重なアドバイスとしていただくことした。彼には、合宿中の食事、病気のときの治療費を負担し、本も貸し出した。ユニフォームもグローブも与え、私なりに野球ができる環境づくりをしたつもりだった。しかし、感謝の気持ちは一つもない。指導者になったからには、こういったことは覚悟の上である。思い返せば、日本でも不平を言い、去っていった選手がいた。

理由はそれぞれあっただろう。しかし、それらの選手に共通したものは、「厳しさから逃げたいという気持ち」であった。

「去る者は必ず不平、不満を言って去る」

日本でも、やめていく選手はほとんど親子ともに指導者を批判し去っていった。感謝の気持ちを表し、去っていく者はほとんどいなかった。私に感じさせる力がなかったともいえる。子供は「楽をしたいから」とは親に言えないから、やめる理由として指導者の悪口を言う。または、仲間の悪口を言う。親もそれに同調する。実際、やめていく子供の本当の気持ちを知る親は少ない。

「子供の人生です。子供に任せていますから」

確かに聞こえはよい。しかし、子供に生き方も教えずに選択を任せたら……、楽な方を選ぶに決まっている。私のもとを逃げるように去り、良くなっていった子は一人もいない。指導者とはいつもつらいものである。アンブロースの去り方を見て、日本もウガンダも同じだと思った。

アンブロース退部後の試合。技術ではなく、生活態度の良さで選んだメンバー構成。技術力では、相手が勝っていた。しかし何かが違った。結果は、最終回逆転サヨナラ。10－8での勝利を収める。選手は十分野球を楽しんだ。毎朝清掃をやる勤勉さを持つ彼らこそが、真の勝利者の資格がある。試合終了後、ダッシュでグラウンド周辺のゴミを拾う選手の姿を見たとき、チームの変化を予感した。

　技術より心。積み重ねてきたことの正しさを感じることができた瞬間であった。

新しいリーダー、アーロンという男

　試合に勝った翌朝、全員が時間前に揃い清掃を始めた。チームに変化を感じる。何かはわからない。しかし、昨日の勝利によって感じるものがあったのではないかと思う。嬉しいのは、6名の1年生が真面目に起き、働いている姿である。彼らは、昨日劇的な勝利を収めた先輩の姿を誇りに思い、真似しているようだ。

新しいリーダーとなるアーロンが、野球部の活動当初を振り返り、自分たちの成長について全校生徒の前でスピーチをする機会があった。

《ジェントルマンになるために》

今日はゲストの皆様ありがとうございます。今日改めて野球部の活動のＤＶＤを見て、自分たちがどれだけ変わったかわかりました。最初はユニフォームも着ないで練習をする人がほとんどでした。他人を批判する人もいました。だらしなく、整理されない道具とオフィスでした。

コーチは、掃除と道具の手入れの仕方を教えてくれました。そして時間管理の大切さを教えてくれました。

私たちはオフィスを清掃し、ゴミを拾うことを始めました。コーチは言います。「仕事は自分で見つけろ。世の中には改善の余地はたくさんあるのだから」と。

２月になって私たちはさらに進歩しています。５時には教室で勉強を始め、６時から掃除をする毎日です。午後は５時ちょうどに練習を始めます。時間は守ります。時間はお金よりも大切です。なぜなら、お金は失っても取り戻せますが、時間は取り戻すことができません。

仕事を見ればジェントルマンかどうかわかります。私たちは明るいところにいるとき、暗闇に備えなければなりません。私たちは時間を守り、完璧を目指します。いつでもどこでもそうありたいです。

完璧をいつも目指すことで、人間は毎日進歩します。

野球はチャンピオンをつくるだけではなく、ジェントルマンをつくるものだと思います。だからコーチは基礎練習に重点を置いています。

若いときからジェントルマンを目指し、ジェントルマンになることが、ウガンダをより良い国にすることになるでしょう。そしてそうなれば、世界もより良くなるでしょう。

アーロン

アーロンは、私が求めている真のリーダーといえる。彼は人よりも早く来て、チームのために準備をする。人よりも遅く帰り、チームのために道具を整備する。後輩が

ミスをしても怒鳴ったりせずに、諭して聞かせる男である。彼はもうすでに8冊の本を読み、そこで得たものを実践できているジェントルマンである。

試合における彼の活躍は素晴らしく、何か運を感じさせる選手である。良いことを続けられる人間は、いつも感謝の気持ちを持っている。彼は、本を貸せば「ありがとうございます」と言い、返すときは「素晴らしかったです。ありがとうございました」と言う。いつも「ありがとうございます」という感謝の言葉とともに生きていた。感謝の心を持つ男アーロンがリーダーとなり、チームは加速度的に進歩していった。

良い型にはめる

服装、頭髪は、その人の心を表すという。これは、万国共通であると言えよう。
チーム発足当初、練習試合に行くとき、しばしば選手の身だしなみを叱った。練習試合といってもバスで往復4時間の移動になる。選手にとってはちょっとした小旅行であった。

旅行気分で、派手な私服、サングラス、ピアスという格好でバスに乗り込んできた選手たちに、一喝した。

「お前たちはジェントルマンでない！」「野球に本気になれ」と。

心がどこかふわふわしていると、それがくずれた型になって表れてくる。

以後、遠征時は、ネクタイ、シャツ、革靴のドレスコードを定め、違反した者は同行させないこととした。本気で野球に取り組んでほしかったからこそ、規則を厳しくした。

もちろん、不満に思った選手もいただろう。

日本でも、生徒から「先生は人を見かけで判断するのですか？」と聞かれたことがある。

「それが人間だと思う」と答えた。

私は以前、高校の恩師の葬儀に参列した際、お経をあげている僧侶の一人が茶髪であることに気づいた。本人は、黒く染めているつもりだと思うが、ところどころに茶色が残っている。

とっさに、私の葬儀のときには、茶髪の僧侶にはお経をあげてほしくはないと思った。私は、その僧侶の仕事に対する姿勢や、修行に対する取り組みを、身だしなみから判断したのだ。

もし可能なら、きっちりと髪をそりあげ、背筋の伸びた僧侶を選びたい。しっかり修行を積んでいるように見えるし、同じお経であってもありがたく思える。

生徒に聞いても、同じ意見が返ってきた。人は、無意識のうちに、身だしなみからその人の心を知ろうとするのである。この話をウガンダ選手たちには、神父に例えて話をした。

人は、見た目が大切なのである。

「良い型」には「良い精神」が宿るという。

ジェントルマンになるためには、それにふさわしい身だしなみを彼らに求めていく。

彼らには「いつ大統領に会っても恥ずかしくない最高級の振る舞い」を求めた。成功の近道は、良い型にはめ、健全な心を育てることにある。それが一人ひとりの個性、才能の開花の準備である。

本当の楽しさとは

できないことに挑戦することは楽しい。選手を見ているとよくわかる。

「目標は昨日の自分を超えること」

例えば、ボール回しがほとんど続かない。それが実力。だからこそ、できないことをやる。これが苦しいようで、楽しい。できないことができるようになる。これが嬉しい。

成長した自分を実感できるほど楽しいことはない。本当の楽しさとは、自己成長を伴うものなのだ。できないことに挑戦することは自分の成長につながる。だから、面白いこと、楽しいことなのだ。

例えば、ここに常温の水がある。35度としよう。それを美味しく飲むにはどうすればよいのか？

選手に尋ねると、「砂糖を入れます」とか「氷を持ってきて冷やします」と答える。水自体は変えられないから、それを美味しく変えて飲むという方法だ。

しかし、「そのままの状態で、美味しく飲むにはどうするか？」、こう聞くと誰も答えられない。

水が変わらないなら、自分が変わることなのだ。自分が動いて、汗をかいて、のどが渇けば、常温の水でも美味しく飲むことができる。自分が動くこと、変化することで、ぬるい水も美味しく飲めるのだ。

人生も同じである。自分が絶えず変化、成長することで、野球というスポーツは変わらなくても、いつまでも楽しむことができる。

仕事も全く同じである。マンネリで、自分に変化がなければ、仕事自体がつまらなくなってしまう。すべてのことは、自己成長が、自分の変化があれば楽しくなるのだ。

そして、心のコップが上を向いていれば、人は成長の速度が速まる。だから、楽しくなる。

勉強でも、スポーツでも、趣味でも、自分の成長が速ければ、どんどん楽しくなっていくものだ。

やはり、本当の楽しさとは、ＴＶやゲームの娯楽では得られない。

それらは自己成長を伴わないものだからだ。

私たちの野球部は規律が厳しい。しかし、それによって心のコップが上になり、自己成長の速度が速まっていく。だから、勉強も野球も楽しくなっていく。人生が楽しくなっていく。

「厳しいから伸びる。伸びるから楽しい」のである。

この本当の楽しさが、チームに活力を生んでいる。

百匹目の猿を信じて！

朝清掃が定着してきた頃、「百匹目の猿」という話を思い出した。宮崎県串間市の幸島に棲息する猿の一頭が、芋を洗って食べるようになった。同様の行動をとる猿の数が、１００匹に達した時、その行動が群全体に広がった。さらに幸島から遠く離れた所に住んでいる猿の群れでも、突然この行動が見られるようになった。

あることを行う者が一定数に達すると、教えられなくても他の者も同じ行為を行うということだ。今世界では核戦争が起こらないと大部分の人が思っている。だから起きない。しかし、これが大部分の人が起きると思ってしまったら状況は変わるということらしい。

「ある思い」が一定数に達すると、それが全体で起こるというのだ。

毎日の清掃を行う。その一日一日の変化は見えにくい。しかし、その数が増え頻度が増すと、他の生徒への影響も必ずあるはずだ。それが、この学校で一定数に達すると、この学校全体が「掃除をする」ことになる。それが隣の学校、地域、そして国につながっていくこともあろう。たかが掃除ではない。

その一定数とはいくつなのかはわからない。また、何日続ければ、素晴らしい成果になるのかもわからない。ただ、私のできることは、「百匹目の猿」を信じて手を抜かずやり続けることだ。

人間の強い思いは、必ず形になる。小さなことでも積み重ねることで、大きく変わることを体験したい。それが、私の人生の財産になるはずだ。

ありがとうの言葉が、ありがとうを呼ぶ！

私が選手を見る時間は限られている。朝4時半から7時までの2時間半の活動と、放課後1時間の練習である。だから、私が見ていない時間、つまり授業のときの選手の生活の様子が、耳に自然と入ってくる。特に選手同士がお互いのミスを喜んで私に伝えてくる。自分はきちんとやっているというアピールも兼ねている。そのたびに、ミーティングが多くなる。説教が増える。

そこで真のチームワークを育てるべく、「サンクスカード」を導入した。チームのため、学校のために良いことをしてくれた選手に、感謝の気持ちをカードに書いて壁に貼るのだ。

まずは私が例として、ミーティング後、教室掃除をした選手、料理を作った選手、部室を整理した選手に感謝の言葉を書き掲示した。彼らの行動基準は、今まではコーチである私であった。常に私の目を気にして動いていた。しかし、他の選手の目を気にすることがチームとしては必要である。選手同士が、悪い面ではなく、良い面をお互い見ていく習慣がつくことを願い、導入した。

カードは一週間、部室掲示とし、その後は各自の日誌に添付した。いつも、自分に対する他人からの感謝の言葉が見られると自然と嬉しくなる。慣れてくると、皆気づいたときに書いていた。

「部室をきれいにしてくれてありがとう」

「道具を用意してくれてありがとう」

「昨日の試合で応援してくれてありがとう」

「ボールを拾ってくれてありがとう」

その数は日を追うごとに増えていく。上級生が下級生に感謝する。上級生の感謝の言葉が壁に貼られていく。今度は反対に、下級生が上級生に感謝する。尊敬と信頼関係がそこに生まれていく。こうして、上級生と下級生の溝が徐々に埋まっていった。本物のチームワークが育ってきた。

練習後のミーティングでは、お互いの良さをほめあう場面が増えてきた。サンクスカードを取り入れてから、チームの中で、「ありがとう」という言葉が多く使われ始めた。

国境を越えても、やはり「ありがとう」の言葉には不思議な力がある。

私たちは「ありがとう」の言葉を唱え、「ありがとう」と言いたくなる状況を引き寄せている。「ありがとう」という言葉が、真のチームワークを育てている。

他人の美点を見ようとする習慣は、多くの「ありがとう」を引き寄せる。

第三章　弱い自分を変えることがチームを強くする

信は力なり　～フィリップの母が教えてくれたこと～

私はセントノア高校に所属しながら、ナショナルチームのコーチも務めている。当時の野球日本代表が「星野ジャパン」なら、ウガンダ代表は「小田島ウガンダ」である。北京オリンピック予選に向けてナショナルチームを指導する。そのときは、チームを離れることとなり、選手たちで自主的に活動することになる。その私の不在の期間に、彼らへの不信感を募らせる事件が次々と起きていた。

信頼を置いている上級生によるオフィスからの「無断文房具持ち出し事件」が起こった。

上級生が、部室の鍵を持っているという特権を使い、文房具を私用に使っていたのだが、それにもまして、嘘をついて正直に話さない態度が許せなかった。

「もしお前が嘘をついていたら野球をやめろ。お前が本当のことを言っていたら俺がやめる」

そんな乱暴な感じで、容疑を否定する選手に接していた。

正直であることが信頼をつくることであり、自分の成長のチャンスをつくることになる。逆に、ミスを隠すことは自分の成長を止めるということ。これを選手たちに伝えたかった。しかし、これぱかりはさすがに難しかった。

ここウガンダでは、日本と違い、謝罪するという文化がない。謝罪は、賠償につながる。お金が絡んでくる。自ら正直に話し、非を認めることで、かえって信頼を高める日本とは違い、ここでは正直であることに利益はない。絶対的な証拠がない中、真実が明らかになる見込みはない。

これから先、私は選手たちを信じていくことができるのか。これからどうすべきか、正直迷っていた。

そんなときに、さぼりの常連であるフィリップが練習に出てきた。事情を聞くと、

「母の看病が忙しくて練習に出られなかった」という。

「また嘘か」と思い、「嘘をつくな。お前は、明日ユニフォームを返して野球をやめろ」と言い放って帰した。

翌朝5時。目を赤くはらしたフィリップが、

「ユニフォームを洗えなくてごめんなさい。明日返します。きのう母が死んだから忙しかったのです」

ショックだった。彼の言葉は本当であった。ここ1週間の欠席理由は本当だったのだ。自分の愚かな言葉を悔やんだ。信頼が大切といいながら、自分が一番選手を信頼していなかった。

「裏切られたから」とか「たくさん嫌な事件があったから」は言い訳にすぎない。自分の信念、心が弱かったからに他ならない。そんな気持ちなら指導者をすべきでないのだ。

フィリップには本当にすまない。遅すぎるが、他の選手に対しても。自分の傲慢さ、愚かさに気づいた。信じることなくして教育は成り立たない。そのことはずっと

日本で実践していた。しかし、ウガンダ文化のせいにして、環境のせいにして、どこかであきらめている弱い自分がいた。だから、チームで次から次へと問題が起こったのだろう。

問題は嘘つきの選手ではなく、弱いコーチ、人を信じることを恐れるコーチ自身の態度だった。

選手がミスをする前に、予測ができなかった私が悪かったのだ。

野球部ミーティングで、30分にわたり私の思いを語った。英語が下手だからなんて言っていられない。今ここで自分の正直な思いを伝えなければならぬ、と必死だった。まるで日本で選手に語っていたように自然にできていた。

今改めて思う。他人と過去は変えられない。コーチである私が、弱い自分を変えることがチームを良くする一番良い方法なのだ。

選手を信じて、信じて、信じぬく。裏切られても傷つくのはしょせん自分だけ。信じなかったときの悔いの方がつらい。今回のように。日本でもずっと信じてきた。

それが自分の信条。

フィリップのお母さんがそれを教えてくれたのだろう。
思い出せた、大切なことを。

道なき道を行く　～敵は自分の弱い心～

校内を徹底的にきれいにしたい。それを野球部でやりたい。そう思い、選手たちに校庭の清掃を役割分担することにした。学校の校庭を35等分して、それぞれが担当する敷地を決めた。自分の敷地だけはまずきれいにする、という責任が選手にはある。担当する場所を写した写真を契約書にすることを選手に提案した。すると写真大好きな選手たちは全員、自ら担当する場所を決めて写した。やはり、写真の力は凄い。

アフリカでこんなことをやろうということ自体、普通でないことは知っている。ゴミのポイ捨てが当たり前の文化なのだから。うまくいくと考えているのは自分くらいだろう。しかし、選手をより良くするためには学校を、地域を、そして国を変えていかねばならない。

「失敗したらどうしよう」よりも、「やれたらすごいな」というわくわく感がある。全校をあげてゴミを拾う学校を、ウガンダにつくれるチャンスが目の前にある。挑戦せずに、逃げることはできない。だから、私の蒔いた種がいつか花咲く日を夢見て、今あえて「道なき道を行く」。厳しい道を選ぶ。

未熟者であるにもかかわらず、極めて頑固なこの私でさえも、彼らの成長で感動し、自分が変わることができた。彼らの過去のでたらめな姿は、私自身の心の弱さの鏡のようだった。

「絶対に勝つ！」。これが私の、いつもの口癖になっている。

ただし、勝たなければならない私の敵は、時々弱気になり、妥協し、逃げようとし、言い訳を探し始める「自分の心」である。これに勝つことができれば、自分は成長できる。

やはりいつも、ライバルは自分である。

継続は選手がいるから……人生は複利計算

午前4時半。今日も朝早くから選手の元気な顔に出会う。掃除終了後6時15分に部室前に集合した。

卒業試験の最中にある最上級生のアイザックに、後輩から「サクセス！」の声がかかる。「成功を！」という試験前に誰もが言う言葉である。それを受けて私は、「成功とは結果でなくて過程だよ」と言う。選手から笑いが出る。彼らは成功の意味を知っているのだ。「アイザックはしっかり準備したからもう成功しているよ」と付け加えた。

人生で成功したい。そう思い、ここに来た。

その実現のために、夢を語り合える仲間が必要だ。人間一人ではやはり弱い。『青年塾』を主催されている上甲晃先生は、デイリーメッセージを毎日、15年以上も出されている。

「凡時徹底」とおっしゃられているが、そこまでいくと「非凡」の一語に尽きる。継続の秘訣は、ずばり全国の読者のおかげであるという。読者がいるから続けることができたという。なるほどと思う。

私が毎朝3時半に起きる事ができるのは、誰のおかげか？　それは選手のおかげである。彼らがいるから、私はやれているのである。選手たちのおかげで、早起きの習慣とその素晴らしさを経験できている。

彼らとともに私も成長している。彼らと人生について、夢、成功について語ることができる。同じ本を読み、同じプログラムで学習している同志なのだ。彼らこそ、ここウガンダで一番の私の理解者である。

どんなことにもさまざまな困難はつきもの。その一つひとつに心が動揺しているようでは甘い。目標の達成に向けたしっかりとした心構え、すなわち、決意と覚悟が大切である。

「人生は複利計算」という。毎日少しずつ進歩していくと、それが複利を生み、ある日加速度的に成長するという。決して足し算ではないというところが嬉しい。

「ある日突然の加速度的成長」のために、毎日選手とともに自分を磨き、成長していく。

第四章　一進一退の日々を支えてくれた出逢い・言葉

教え子の言葉

赴任して、2ヶ月が経ったときのこと。ある日、日本にいたときの教え子からメールが届く。

「11月2日から東京でK-ballの全国大会がありました。3年生にとって最後の大会でした。その最後の大会を全国制覇で有終の美を飾ることができました。これからも体に気を付けて是非ウガンダチャンピオンになってください！　応援しています」

毎日日誌に、「日本一の人間力で全国制覇を果たします」と書き、練習前に、目標を声に出して言っていた教え子たちであった。しかし、中体連では1回戦敗退で終わった。やはり、日本一という目標は、私たちには難しかったように思えた。

しかし、その4ヶ月後、日本一になったという報告のメールがウガンダに届く。北海道選抜チームとして2名が選ばれ、日本一の栄光に輝く。

「思いは叶う」

ウガンダでそのことを確信した。ウガンダ人に日本の躾が定着するか迷っていた時期に、教え子からのこのメールは嬉しく、勇気づけられるものだった。

また卒業後に感謝のメールが届いた。今の自分も、ウガンダ選手たちからこのように思われる存在になっているのだろうか？　見本となるべくやっているのか？　自分を見直す良い機会となった。

無事東栄中学を卒業しました。この三年間色々あったような気がします！　一年生の途中に野球部に入部し、二年生の最後まで小田島先生のもとで野球をやっていて、色々なことを学びました。メンタル面の強さや、感謝の心など本当に色々なことを学んだと思います！　野球以外でも、一年生・二年生のときの担任として本当にお世話になりました。何かとめんどくさがりやの小田島先生でもやるときはしっかりやり、と

ても熱心な先生だったと思います！　その中でも、掃除をしている小田島先生の姿は一段と輝いて見えました。

その姿を真似するように僕もやっていました。しかし、三年生になり小田島先生がいなくなってから、自分が一番だらしなくなり、野球でも結果が残せずにいました。

学校生活でも先生方に迷惑をかけ、マイナスの事をしていました……

自分は今でも小田島先生に胸を張って姿を見せることはできませんが、これから高校で小田島先生に習ったことを活かして、頑張りたいと思います。

そして、10年後、20年後に小田島先生に胸を張って会える自分になっていきたいと思います。

16日、高校の合格発表がありました。

合格しました！

なぜ、自分が高校に合格できたのかは不思議すぎます……

学校生活もしっかりとできていなかったのに、なぜ？　と今でも思います……。

よく考えると、多分神様が僕にくれたチャンスだと思います。

これからちゃんとやれ！　という神様からのプレゼントだと思ってしっかりやりたいと

思います。
小田島先生も色々大変だと思いますが、頑張ってください！
心から応援しています！
そして、本当に今までありがとうございました。
最後に、画像は三組のみんなの写真です！
思い出してくれるとうれしいです。笑
それでは、失礼します。

教育というものは凄いと、改めて感じた。私の言葉が、生徒の血となり、肉となり、それを生かして人生に挑戦していくのである。教師の生き様、考え方が生徒に及ぼす影響の大きさを考えると、怖くなってくる。と同時にこれほどやりがいのある仕事もない。

教え子が誇れる教師でありたい。

ウガンダの父の言葉　ジェントルマンに学ぶ

「ウガンダの父」と呼ばれる柏田雄一さんは、ウガンダで45年以上「フェニックスロジスティック社」というシャツ製造会社を経営されている。その柏田さんに尋ねた。

「ウガンダ選手に躾を身につけさせるのは、不可能でしょうか？」

「絶対できる」と即答であった。

そして、その答えが工場の中にあった。柏田さんは、日本の躾でウガンダ人社員を教育し、業績を上げている。社員一人ひとりが時間を守り、後片付けをし、きれいな仕事場で一所懸命働く姿は、まるで日本の工場のようである。理想の姿をそこに見た。ウガンダの父からの言葉は心に響き、私の心を奮い立たせた。

「たとえ2年でできなくても、自分で決めたことは、絶対に最後まであきらめない」

あきらめないでやったその先に何があるのか、今はわからない。しかし、今あきらめることは絶対にしたくなかった。苦しいとき、いつもあきらめない理由を探していた。だから、きっと弱気な自分の背中を押してくれるであろう柏田さんに、助言を求めたのだろう。この日の柏田さんの言葉は、私にとって心の楔《くさび》となり、あきらめない理由となった。そして、この言葉が自分を、チームを大きく変えるきっかけとなったのだ。

ある日、柏田さんの工場を、選手とともに訪問させていただいた。

柏田さんにには、ウガンダの歴史、環境保護、そして躾の大切さを語っていただいた。いつも、ムセベニウガンダ大統領と、ウガンダの未来を語り合っている柏田さんの話は、選手たちに大変説得力のあるものだった。特に私たちのやっている「時間を守ること」「掃除」の大切さについては、わかりやすく説明していただいた。

柏田さんは、「私は、もう退職して老後をゆっくり日本で暮らすこともできるのに、なぜここにいると思う？」と選手に尋ねた。誰も答えることはできなかった。その答えは「ウガンダを愛しているから」であった。

その言葉が出たとき、選手の背筋がピンと伸びた感じがした。空気が変わったのだ。この人はお金のためでなく、ウガンダのために働いている日本人なんだ、ということを肌で感じたようだ。

アーロンの「成功の秘訣は何ですか？」という質問には、「私は損か得かでなく、善か悪かでいつも判断して行動する」と答えていた。私が伝えたいすべてのことを、あのわずかの時間で伝えていただいた。

本物は凄い。その効果は翌日から早速出ていた。前日の疲れがあるので、今日の掃除は無理かなと思っていた。今日は怒らないで自分だけ掃除をして帰ろうと思っていた。

ところが10分前、20名が揃って来た。放課後の練習も、何か今までにないピンと張り詰めた雰囲気となっていた。

選手の心が何かで変わったのだ。本物の言葉に感謝である。

命より大切なものがある

柏田さんの言葉には、重みがある。ウガンダを愛し、ウガンダのために生きてきた。まさしく〝ウガンダ人のために命をかけて〟生きてきた。

そのエピソードの一つを紹介する。

1966年に、ウガンダで部族間の権力争いが原因でクーデターが起こった。その際に、ジープで柏田さんの工場に乗り入れた軍隊の隊長が、自動小銃を突きつけ、「ブガンダ族の社員をここに集めろ、隠すならおまえを殺す」と柏田さんを脅した。それに対して、「もし今彼らを集めたら彼らは殺されてしまう」と直感した柏田さんは、毅然とした態度で兵士に向かってこう言った。

「この工場の社員は、ウガンダの国民であり、ユージル（フェニックス社の前の名称）の社員だ。あなたの言い方を借りれば、ユージルという部族の一員なのだ。その責任者が私だ。私はユージルの社員のために命をかける。今、社員を集めるわけにはいかない」

柏田さんの、命を懸けて社員を守る姿に感動した相手の隊長は「わかりました。よくわかりました。ところでミスター、私の妹をここで雇ってくれませんか？」と冗談を言って去って行ったという。

まだ柏田さんの工場が動き出してから、わずか3ヶ月ほどのときにこのクーデターは起こった。この柏田さんの姿を見て、社員から寄せられる信頼は確固たるものになっていった。


柏田さんの生き様の中に、武士道を見た。

「守るべきものを守れず生き残っても、侍は死んだも同じ」

卑怯な生き方はしたくない。サムライの生き様がそこにある。生き残ることよりも、生き様にこだわる。私はこれまで、命が一番大切だと思っていた。しかし、柏田さんの話を聞き、命より大切なものがあると感じた。

命を懸けて生きる。真のリーダーの姿がそこにある。

私を支える偉大なる先人

日本を旅立つとき、1冊の本を持ってきた。

それが、「いざさらば我はみくにの山桜」である。

60年前、学徒出陣により特攻隊員として出撃し、命を捧げた多くの若者たちがいた。彼らの家族へ向けた遺書をまとめた本である。

ウガンダで困難に向き合ったとき、この本を必ず読もうと決めていた。読むにつれ、涙が溢れてくる。誰もが明日死ぬと知っていながら、両親にお礼を言い、兄弟の心配までしている。こういう素晴らしい若者たちが、大切な人を守るため、国を守るために、自ら志願し、旅立たれたのだ。

こういった方々の、国を思い、家族を思う気持ちがあって、今の日本がある。

誰を恨むことなく、不平不満を言わず、最後まで周囲への感謝を忘れない。そんな先人がいたことに誇りを持ちたい。

彼らに比べると、自分の悩みがいかにどうでもいいことかよくわかる。

自分の人間としての未熟さを知る。

このような素晴らしい方々の熱い思いが、私の中にも受け継がれている。そう思うと、背筋が伸び、力がみなぎってくる。

偉大な先人を見習い、どんなことでも感謝の心で最後までやり続けよう。

私は日本人なのだ。私の究極のメンターは、特攻隊員の方々であった。

第五章　どんなことにも気づきのヒントがある

人生はタイムシェアリング

私のウガンダでの主食は、「米と味噌汁」である。現地のものを食べることもあるが、やはり私は日本人。米と味噌汁で力が湧いてくる。米は手に入る。しかし、味噌は日本から送ってもらっている。

日本では当たり前の「味噌」が、こちらでは手に入らない貴重品である。

味噌は大豆からできていて、それを発酵させて作る。農家の方々が育てた大豆を使って、味噌を作る人が味噌にする。大豆を自分が作れない代わりに農家の方が作ってくれている。それを、自分が農家に取りに行く代わりに運送会社の方が運んでくれる。味噌を作る人がそれを買い取り、味噌を作る。その味噌を店に運ぶ人がいて、売る人がいて、私たちは買うことができる。

ウガンダでは、鶏肉はパックで売っているわけではない。鶏を生きたまま買ってきて、それぞれの家庭でしめ、料理をするのだ。パックされている鶏肉は、それだけで手間がかからず、本当にありがたい。

そう考えると、「いただきます」の意味は深い。そのプロセス全部を自分一人でやっていたら、自分の仕事に集中できる時間は少なくなる。地方に行くと、30分歩いて井戸から水を運んでくるくらいは当たり前である。蛇口をひねれば水が出る家庭はほとんどない。水汲みが人生の時間に大きなウエイトを占めるのだ。人生の時間は限られたものである。私たち日本人は、水汲みの時間を自分がやるべきことに集中できる環境にある。完璧なインフラに感謝である。

食べ物であれ、水道であれ、電気であれ、世の中にあるものすべてが、このようにタイムシェアの考えのもとに回っている。だから人は、自分の能力を自分の仕事に集中させることができる。

異国の地で、蛇口から出る水を電気ポットで沸かし、味噌汁とご飯を食べながら、感謝の気持ちにひたっていた。

日本の、この平和で豊かな時代に生まれたことで、自分の時間を自分のやりたいことに使うことができる。だからこそ世のため、人のために、何か素晴らしいことをやらねばならぬ。

命を輝かせるために

ウガンダは子供が多い。野球部員を見ても、平均で6人くらいの兄弟がいる。選手の中で、最高はなんと21人兄弟であった。驚いた。当然、町のあちこちで兄弟や友人と遊んでいる姿を見る。ときには喧嘩が起きる。兄が弟をやっつけ、弟は悔し泣きをする。弟はこうやって殴られた人の痛みを知り、たくましくなっていくのだろう。

高い木に登っている子供がいる。落ちたら大怪我をするが、子供はそんな危険な遊びが大好きである。

どこか私の少年時代を思い出した。

友達と殴り合いの喧嘩をしたとする。勝つか負けるかわからない恐怖があった。しかし、今思うと、あの恐怖感、ドキドキ感が、私の危機管理能力を高め、生命力を上げてくれたと思う。

なるほど、子供は高いところなど危険なところが大好きである。

それは、人間が本来持つ、危機管理能力を高めるための本能的なものなのかもしれない。

「小さい子には旅をさせろ」と昔から言われている。

子供に冒険をさせることは、子供の生命力を上げることになる。裸足で野山を駆け回り、危険な木登りをしている元気なウガンダの子供を見ていると、いつも思う。

子供は本来、生命力に溢れている。へとへとになっても、1時間もすればすぐに回復する。

大人はそうはいかないが、子供のエネルギーは使えば使うほど、増えていくものだ。

私は、子供のエネルギーの可能性を信じている。

「人間の力は、全部出し切らないと増えない。出し切らずに溜めていたら、逆に減ってしまう」という言葉に出逢う。

神戸製鋼ラグビー部ゼネラルマネージャーの平尾誠二さんが、伏見工業高校時代、監督の山口さんから教わった印象に残る言葉である。試合中に相手が弱小チームだと思って手を抜こうものなら、「人間の力は余すことなく使わないといけない」と厳しく怒られたという。エネルギーの出し惜しみは、真の成長につながらないことをこの言葉は教えてくれる。

読書の大切さ

先日、同僚のルワンガ先生がオフィスで読書をしていた。

そして、私に向かって「自分の30年の人生は間違っていた」とまじめな顔をして言ってきた。彼は私にウガンダの厳しさを教えてくれた恩人である。

赴任当初、練習時間の確保に悩んでいる私にアドバイスをしてくれたのは彼だった。

「冬休みに食事を選手に用意できたら、学校で合宿ができるよ」

選手との時間を確保したい私は、彼のアドバイスを聞き入れ、1ヶ月分の選手用の食費を彼に預けた。しかし、彼はその金を別のことに使ってしまい、休みの間姿を消した。新学期から、毎月の返済を約束するが、返済日はなぜか学校に来ない。仕事に集中するために、彼を責め立てることもやめていた。

先日も、彼はオフィスに保管してあった、日本から送られてきたジャージを無断で使用していた。選手が見ていたため、報告を受け、私が彼を叱って戻させた。しかし、叱りながらもかわいそうになり、結局は「きちんと私に確認してから持っていくこと」を徹底させ、使ってもらうことにした。

選手の食費を持ち逃げし、今度はジャージを無断で持ち出したのである。彼の悪癖に、ほとほとあきれていたところであった。

そんな彼であるから、私を恐れ、逃げている感があった。しかし、彼に「自分は間違っていた」と告白され、「その通りだ」とは意外と言えないものだ。

いや「俺もそういうときがあるから」と全く思っていない言葉を言い、彼を慰めた。

選手にも読ませている「7つの習慣」や「モハメドアリ」「ナポレオンヒル」の本を彼も読み、人生を考えたらしい。

日本では簡単に手に入るこれらの本も、ウガンダでは貴重であり、高価である。しかも、洋書が現地語に翻訳されることは少ないため、英語ができない人は外国の書物を読むことができない。一方、日本では、たとえ英語が苦手でも、洋書を日本語で楽しむことができる。素晴らしい環境である。

だから、ルワンガ先生もこれまで、たとえ買いたかったとしても手に入れられず読書の習慣がなかったのだ。

「今から変われるだろうか」という彼に、思わず「できる」と言ってしまった。

ただし、時間はかかる。35歳の君なら35年かかる、完全に変わるには。しかし、その間にきっと君の人生は劇的に良くなるはずだと話した。

人間は、もし２０００年生きることができれば、かなりの人物になることができると思う。多くの人に出会い、その行く末を見ながら、真理を悟ることができるはずだ。しかし、残念なことに、人生は短い。長い人で、およそ１００年である。この短い人生で、出会う人の数や学びは限られている。

だから、「いかにして生きるか」「なぜ生きるのか」など、考えずに生きてしまうこととなる。

そこで、人間が回り道をせずに、速く成長するために読書がある。読書は、現代に生きる人だけでなく、時空を超えた先人と対話ができる。今会うことのできない偉人の人生を懸けた学びを、わずか2時間ほどで学ぶことができる。そして、それを自分の人生で実践することで、頭だけでなく、腹で人生の心理をわかることができる。

私たちは、先人の知恵を読書により得ることで、人生を最短距離で駆け抜けることができる。読書は、人の成長を早めることができるのだ。

読書の力は偉大であり、その環境が日本にあることに感謝したい。

親孝行は夢の素

セントノアの生徒たちは、ウガンダでは富裕層の家庭で育っている。しかし兄弟が多いため、たとえ父親にそれなりの収入があったとしても、授業料を払えず、学校に通いたくても通えない生徒が多い。

また、親が大学まで授業料を払えたとしても、卒業後はほとんどが無職だ。まさに未来が見えないという状況である。どの親も身を削って、子供の授業料を捻出している。自分のために、必死にお金を工面してくる親の姿を子供は知っている。親がいなければ、自分は生きてこられなかったし、生きていけない。この当たり前のことをウガンダの子供たちは、厳しい環境だからこそ知っている。ウガンダの子供たちが日本人に比べ、親を尊敬し、親孝行であるのは、こういった理由も一つにあるだろう。

それでも、学校の規則を破り、親を泣かせる選手がいる。そのようなとき、チームで感謝の心について考えさせ、ミーティングで「忘れてはならないこと」について話した。

自分が赤ん坊のとき、何もできず、ただ泣くことしかできなかった。そんな中、ミルクを与えてくれたのは母である。小さい頃、道路も一人で渡れなかったはずである。なぜ、車にひかれずに今生きているのか。それは、傍らで親が手を引いてくれたからである。熱が出たとき、親は病院に連れて行ってくれた。それがなかったら、今いないかもしれない。皆が存在するのは、周囲の人の偉大な愛があったからだ。その大切なことを、いつしか人は忘れてしまう。だから、時々自分一人で大きくなったように勘違いする人間が出てくる。そういう人がミスをしてしまう。

私たちが、この「忘れてはいけない大切なこと」をいつも心に思っていたら、感謝の気持ちが親や世の中に対して自然と生まれてくるはずだ。私たちがしなければいけないことは、その自分が受けた大きな恩を、親や社会にこれからの人生でお返ししていくことではないのか。それが、人生の目的だと思う。だから皆働くのだ。それが形を換えた社会への恩返しであり、自分たちの使命なのだ。

そんなことを話した。驚いたことに涙ぐんで聞いているものもいた。彼も、親が授業料を払えず困っている生徒だ。ウガンダに来て思う。生きていることだけで奇跡だと。5歳までに、20パーセント近い子供が命を落とす。13歳まで生きていることだけで運がいい。学校で学べるだけ幸せだ。その幸運な彼らを、恩返しのできる一流の人間にすべく、生徒全員に手紙と封筒を渡し、親に感謝の手紙を書かせた。

西田文郎先生は「親孝行できない人には、夢を叶えることができない」と言う。

確かに、この世に自分を生んでくれた親に感謝せずに、人生から多くのことを得ようとするのは、間違っている。親に不平不満を言って、夢だけ叶えようとする人は、本末転倒である。

人生から幸せや成功を得ようとするならば、その素となっている両親に感謝して生きることは、当たり前のことと言えよう。

親孝行を考えると、人生の心構えが変わる。私自身も、親への感謝の気持ちを持って、夢の実現をウガンダジェントルマンたちと目指したい。

第三部

奇跡の連続！「ウガンダ国際交流」

第一章　動き出した夢への挑戦

思いがけない日本からの便り

ウガンダに来て、もう一つ大きな夢が動き出そうとしていた。それは、指導を始めて6ヶ月が経ったときから始まる。

野球部の活動への真摯な姿勢、他人へのやわらかい物腰、何かを学ぼうとする真剣な瞳。すでに選手たちの立ち居振る舞いからは、6ヶ月前の姿はない。

そこにいるのは、ウガンダ人の顔をした日本人。いや、日本人以上に日本人らしいウガンダ人とでも言った方がよさそうだ。日本の教育現場で15年働いたが、これほどまでの成長は見たことがない。改めて、日本人の持つ良き習慣の素晴らしさを感じていた。

「日本にいるときに、この素晴らしさをもっと理解できていたらよかったのに」

正直、時間を守ること、掃除、礼儀作法だけで、これほど人間が良くなるなどとは思わなかった。そして、日本人だけが持つこの習慣を、ウガンダ人が習得できたとしても、これほどまでに効果が上がるとは思っていなかった。

日本の教育現場は混迷の真っ只中にある。日本の教師にとって、当たり前のことを生徒に守らせるのに、大変な労力がかかる。時間厳守、正しい服装頭髪、徹底した掃除は、どの学校でも生徒に大切にしてほしいことに挙げられている。

しかし、それらを守ったときの利益を生徒にうまく伝えられず、さまざまな言い訳で、なし崩しになっているのが現状である。そもそも、こんな当たり前のことに、いちいち守ったときの利益を説明することもおかしいことだが、いずれにしても難しい状況にある。もし日本人が、この選手たちの成長を見たら、日本の躾の素晴らしさを理解してくれるだろう。ふとそんなことを考えた。

ちょうど、教え子の卒業式が間近であった。

卒業式に向けて、祝辞を送った。日本を離れて、自分が今考えていることを書いた。

日本は暖冬で、桜の開花も間近と聞いております。

卒業生、そして保護者の皆様、ご卒業おめでとうございます。

心より祝福申し上げます。

東栄中学校という素晴らしい学び舎で、人生の大切な時間を過ごせたことを誇りに思い、一人ひとりがこれからの人生を歩んでいくことを願っています。

私は、ここアフリカのウガンダで、日本人の持つ美しい習慣、言葉、心遣いの素晴らしさを誇りにして、仕事をしています。

自分と向き合い考える時間が多く、自分の中にそういった日本人の持つ特性が多く受け継がれているということを感じています。

「なぜ日本の国に、日本人として生まれてきたのか」

ウガンダに来て、そのようなことをよく考えます。

今、その理由はわかりません。しかし、その理由を探すことこそが、私たちの生きる目的の一つであると思います。

日本という素晴らしい国に生まれたお陰で、自分が多くのチャンスを与えられているのだということを、今になって知りました。

これまでは、「楽をして生きたい」と心のどこかで思っていた自分がいました。

勤勉と誠実さは、日本人の持つ最大の長所であると思います。そして、自分の中にもそれらのものがあることを知りました。

「真面目は素晴らしい」

今、心の底から思います。人はいつでも変われます。「志を立てるのに遅すぎるということなし」です。どんなに豊かな土壌でも、耕さなければ実りをもたらしません。人の心も同じです。たえず、新しい考えで耕し豊かにし、荒地になるのを防ぐ必要があるのです。

卒業生諸君には多くのことを学ばせていただき、感謝の言葉もありません。

今ここにいるのは、諸君のおかげです。

人生という荒波の中で、常に自分を磨き続け「一流の人間」になることを願っています。

最後に、諸君にこの言葉を贈ります。

私が私として生きていない人間は、絶対に人が人であることを大事にしない。

本当に人のことを思う人は、私が私で生きている。
私が私で生きているから、人が人であることを大切にしたくなるのである。
「本当の自分らしさ」とは「努力の積み重ね」によって創られるものです。
諸君の人生に幸多きことを祈念しております。

青年海外協力隊　ウガンダ野球隊員　小田島裕一

また、私のウガンダでの活動をＤＶＤに収め、在職中お世話になった方々に送らせていただいた。

特に教育現場で子供たちを育てている先生、指導者の方々にとって、ウガンダ選手たちの実践が「励ましになれば嬉しい」という思いだった。

その指導者の中の一人に、遠藤友彦氏がいた。つらいときや、どうしてもやりきれないとき、私を励ましてくれたのが遠藤氏の言葉だった。

彼は、駒大苫小牧高校野球部を甲子園での優勝に導いた、陰の立役者である。香田前監督を、駒苫チームを、戦略及びメンタル面で支えていた。

雪国北海道からの偉業達成は、北海道民だけでなく、日本全国を驚かせ感動の渦に巻き込んだ。

私自身も、駒苫の活躍に感動し、野球の素晴らしさを思い出させてもらうことができた。初心に戻り、野球の指導者として今ここウガンダにいる。私は、ウガンダに来る前、彼の塾生として野球指導論を6ヶ月間学ばせてもらった。彼の野球への情熱、知識、経験もさることながら、私が驚いたのは彼の生き様、その考え方であった。

「こういう人が不可能を可能にする。こういう人が日本一になる。夢を叶えるのだ」

夢を叶えるためには、「何をするか」というよりも、むしろ「誰といるか」が大切なのだ。彼といることで、心がプラスになり、彼の言葉で挑戦への勇気が湧いてきた。何をすべきか、明確になった。

「自分もできるのではないか」

自然とそういう思考になっていった。

気づけば私も、彼の生き方に影響を受け、夢を実現し、職を辞し、ウガンダに来ていた。

その遠藤氏から嬉しいメールがあった。

小田島イズムですね。DVDを食い入るように見ました。そして感動しました。どの国の人でも『人』、人間なら一緒なのですね。痛感しました。
また実際に、小田島さんが行動している姿を見て、一人でモチベーション上げていきます。今、ウガンダに行こうと計画中です。私も現実に動ける有言実行人間への大きな一歩です。そこで、ウガンダにて野球クリニックや講演はできますか。小田島さんを通訳に任命します。ウガンダにエントモイズムを置いてこられればと思います。
現地での観光はいりません。すべて野球に費やして結構です。

あの遠藤氏がウガンダに来る。選手たち憧れの駒苫コーチの彼が、私たちの活動に感動してウガンダに来る。

私にとっても、選手にとってもこれ以上の喜びはない。早速選手たちに知らせると、最高の笑顔を見せた。自分たちの活動が、一番認められたい人に認められ、選手はいよいよ自信を持っていった。憧れの駒苫のコーチがウガンダに来る。選手とともにわくわくしている自分がいた。

そして数日後、もう一つ、嬉しいメールがあった。

はじめまして!!　先生のことは存じておりましたが、すごく嬉しく思います。この度は、素敵な映像をありがとうございます。感動です！
色々な面で恵まれない中、子供たちの純粋な目!!　純粋な気持ち！　伝わってきました。環境、文化の違いなど色々あるのでしょうけど、すごい取り組みをされていらっしゃる先生を尊敬いたします。今後も、私でよければできることは何でもさせていただきたいと思います！　是非、連絡いただければと思います。
遠藤さんがウガンダに4月に伺われることを聞きました。帰られたら、たくさん話を聞かせてもらおうと楽しみにしております。先生！　いつも熱く！　でっかい夢を持ち、追い続けていきましょうね！　感謝。

駒大苫小牧高校野球部　監督　香田誉士史

日本一忙しい監督が、私たちの活動を見てくれて、喜んでくれた。このメールを選手に伝え、再びともに喜び合った。自分たちの活動を、あの香田監督が認めてくれている。選手にとっても、私にとっても、この上ない励ましとなった。遠藤氏が来月ウガンダを訪問する。そして駒苫の香田監督も応援してくれている。

「でっかい夢を持ち、追い続けていきましょう」と言ってくれている。私にとってのでっかい夢とは何だろう。ここで一つの夢が浮かんだ。

「ウガンダ選手たちを駒苫の選手に会わせたい」

日本の躾を身につけるべく努力しているウガンダ選手たち。彼らとの交流は、日本人に忘れかけたものを思い出させてくれるに違いないと思った。交流することで、日本人の得るメリットは大きいと思った。

しかし、夢の実現のためには、私だけでなく、多くの日本人を感動させることが必要となる。

彼らにその力があるのか？　そこで、遠藤氏の1ヶ月後の訪問に向けて、選手にこう言った。

「チームとして日本に行きたいと思う。行きたいか？」

「コーチ、行きたいですが、できるのですか？」

「わからない。渡航費がかかる。だから君たちが、日本に招待される価値があるチームなのかを彼に見てもらいたいと思う。彼が来たときに、君たちの雰囲気を見て、すべてが決まると思う。そのためにこれまで以上に厳しくやるけれども、やれるか？」

「イエス、コーチ」

DVDでは伝わらないものがある。それは、チームの雰囲気である。

一流のチームには一流の雰囲気がある。それは、一朝一夕にできるものでなく、毎日の生き方が現れる。感じるものなのだ。私たちの生き方が一流なら、雰囲気も一流になる。そうなれば、何かの動きが起こるかもしれない。

ただ、遠藤氏が私たちを見て、何の感動もなかったのなら、その夢はあきらめよう。忙しい時間を割いてまで来てくれること自体奇跡である。それだけで十分ありがたいことである。ただ、人生は一度しかない。是非とも、このチャンスを生かしたい。

私はここにきて、とんでもない夢を抱いてしまった。そしてここから、チーム一体となった夢への本気の挑戦が始まった。

動き出した夢

遠藤氏がウガンダへ野球指導に訪れた。1週間の滞在で彼は精力的に動き、多くの野球選手に気づきと希望を与えていった。

「野球って素晴らしい」と改めて思った。熱いハート、上手くなろうとする心さえあれば、言葉や文化、人種の壁がない。今会ったばかりなのに、ずっといるみたいだ。今、「エントモイズム」の種蒔きが始まった。野球というスポーツで、ウガンダと日本の両国が良くなる可能性をより感じた。そして、ついに私たちにともに実現したい夢ができた。

ウガンダ野球選手15名を北海道に招待し、交流を図るという企画である。目的は、「日本人に、忘れかけている自分たちの大切な習慣を思い出してほしい」というものである。ウガンダ選手の野球へ取り組む姿勢を見て、遠藤氏は一言「駒苫みたいだ」。彼らの真摯な態度に感動し、彼の心が動いた。

「この姿を日本人に見せたい」

早速、彼は有志を募り、「ウガンダ国際交流実行委員会」を立ち上げた。今後、翌年1月の招聘に向け、渡航費などに必要な経費を集めることとなる。

「ウガンダから学ぶ」というコンセプトで始まったウガンダ国際交流。日本の躾を身につけるべく努力している野球少年との交流は、日本人に忘れかけていたものを思い出させてくれるはずだ。

30名の有志の方々が、忙しい中、時間をつくり、100年後の日本のために動く。熱い志を持つ方々が日本にはいる。本当に凄いことだ。「人のために動く」。私たちの目指していたジェントルマンのモデルが、ここにいる。その方々に支えられ、私たちの夢はスタートした。

教育には奇跡が必要である

ウガンダでは、誰もが生活をするため、お金を稼ぐために働くものと考える。だから給料が安いとさぼる。教師も例外ではない。ここセントノアでも、先生がなんらかの理由で授業を休み、生徒が自習をしていることがよくある。

理由を聞くと、「給料が安いから、授業を休んでアルバイトをしていた」という。「給料が高ければ、毎日ここに来るよ」。なるほど、ウガンダでは条件が良ければすぐに転職をする。たとえ教師であっても、学期ごとに頻繁に先生が入れ替わる。国の根幹をなす教育がこの状態である。良い人材は育たず、国は豊かにならない。だから教師は、いつまでも貧しいままである。会社員も同様である。給料以上に働くことは、損だと考えるので、会社の利益が上がらない。だから、給料が下がり、解雇にあってしまう。

彼らには、給料以上に働く社員の存在が、会社を儲けさせ、自分を豊かにするという発想はないようだ。

一方、私たち日本人は、「仕事」の中に喜びを見出す。私たちにとって「仕事」は決して「罰」ではない。「仕事」はむしろ「徳」を積むことといえる。その中に喜びがある。

そんな日本人の仕事に対する意識が、給料以上に働く会社員、教師の存在を可能にし、会社に利益をもたらし、有用な人材を育て、国を豊かにしていく理由の一つであろう。仕事の中に喜びを見出し、誠を込めて懸命に働いた先人の努力が、世界有数の豊かな国、日本を創ったのだ。私たち日本人は、そこに理想の日本人の姿を見る。

しかし、彼らの身近にはそのような「生き方モデル」はいない。

人のために何かを無償で行うことは、損なことだと思っているようだ。

私たちは、そんな風潮の中、毎朝他の生徒のため、学校のため、皆を喜ばせるために、校内清掃をし、与え続けてきた。落ちているゴミを、ゴミではなくラック（幸運）と思い拾い続けてきた。

そして、6ヶ月経った今、そんな彼らのために、北海道の志ある方々が、北海道へ招待すべく動いている。そこに、私たちの目指す見返りを求めない「理想とする生き方」がある。

「人を喜ばせることこそ仕事、人生の目的」

「世のため人のために良いことをすると、必ず人生からお返しがくる」

こんなことをずっと話してきた6ヶ月。

私のやり方を信じてついてきたウガンダジェントルマンたちが、夢の実現を前に、この事実を真剣に受け止めている。

「人生は与えたことが返ってくる。良いものを与えたら良いものが、悪いものを与えたら悪いものが返ってくる」

その言葉を実感していた。まさしく、森信三先生曰く「真理は感動を通してのみ授受せられる」。本当のことは、感動を伴い初めて実感できるものだ。やはり、教育には「奇跡」が必要である。

私の大好きな駒苫の野球には奇跡がある。甲子園での逆転につぐ逆転の末の勝利は、奇跡と呼ぶにふさわしかった。だからこそ、駒苫ナインは奇跡を信じ、自ら選んで、日頃から「正しい道」「厳しい道」を進むことができる。「決してあきらめない心」が身についている。

今回の北海道訪問は、ウガンダ選手にとってはまさしく「奇跡」である。今、私のすべきことは、選手を育てに育て、鍛えに鍛えることしかない。日本人が驚く最高のウガンダジェントルマンを連れて行く。それが交流のために動いている方への恩に報いることなのだ。

覚悟は決まった。やはり、本気は人の心を動かし、チャンスを、運を引きつけてくるのだ。

第二章　大きな目標が大きな成長をもたらす

何のためにやるのか　～目的の大切さ～

ウガンダ交流に向けての本気の挑戦が始まって、5ヶ月になろうとしている。「ここまでやるか」と思わせるような掃除への姿勢。集合時間の1時間前の朝3時半に来て、自発的に読書や授業の準備をする選手も増えてきた。

募金も順調に集まり、ウガンダ選手のために動いてくれている熱い支援者の姿が想像できた。

選手には折に触れ、日本での支援者の様子、そしてその期待の大きさを伝えた。「彼らは、仕事があるのに、家族でもない、親戚でもない私たちのために動いている。彼らは、人のために動くことができる、本物のレディーであり、ジェントルマンだ。その恩に報いるためにも、私たちは、ジェントルマンになって日本に行かなければならない」

コーチと選手が、ともに同じ夢を見、その実現に挑戦する姿がそこにあった。

だから私は、日本人の期待に添えるような完璧な取り組みを、彼らに求めるようになった。

「今までは許された小さなミスも、これからは許されない」

日本行きが現実味を増していくにつれ、このような思いをチーム全員が抱くようになった。

ときたま起きる、遅刻などの小さなミスに対しては、以前にも増して厳しい姿勢で臨んだ。選手も、私の思いを知っている。だから、それを素直に受け入れることができた。しかし同時に、今すべきことができない自分のいい加減さを責め、自分を否定し、失敗を恐れ、萎縮しているようにも見えた。

「これだけの応援がありながら、チャンスがありながら、何で完璧にできないのだ」

ミスをするたびに選手を責め、私自身も彼らの資質に、疑問を持つようになっていった。

そんなある日、遠藤氏の2回目のウガンダ訪問があった。今回のセントノア訪問はわずか3日間。

「6ヶ月前から成長した姿を見せたい」

選手たちは、遠藤氏の訪問を心待ちにしていた。

初日、2日目は、普段どおりの活動を見てもらうことができた。しかし、まさかのミスが、訪問最終日に起こった。

大雨の朝、チーム全員が遅刻をした。

100回に1回のミスが、遠藤氏の訪問中に起きたのだ。信じられない失敗だった。

彼らは、さすがに、一番の支援者の前でのミスに落ち込んでいた。しかし、私には、逆にこのタイミングでミスが起こったことが不思議に思えた。

「なぜ、遠藤氏の訪問の最終日にチーム全体でのミスが起こったのか」

このミスに何か意味があるような気がした。

そこでせっかくの機会なので、遠藤氏に選手の前で話をしてもらうことにした。

彼はまず、続けることの大切さを話した。正しいことを続けることで、大きな夢が実現できること。そして、ウガンダ選手はそれをやってきたから、今、大きな夢に挑戦できているということを、改めて確認させてもらった。同時に「続けることの難しさ」についても触れた。彼は言った。

「たくさん失敗しても良い。しかし、失敗後の行動でその人の真価が問われるのだ」

私に何度も、「失敗」を責められていた選手たちは、遠藤氏のこの言葉に救われた。

「失敗をしても良い」

どんよりとした空気が、変わった瞬間だった。

最後に、朝早く起き、ゴミを拾い、掃除をする目的についての話をした。

「日本人のため」「日本に行くため」にやるのではなく、「自分のため」にやることが大切だと言われ、目から鱗が落ちた。

私はいつのまにか、「日本人のため」「日本に行くため」に活動していた。そして、それを選手に求めていた。

「ジェントルマンになる」という当初の目的がぶれていたのだ。

「日本に行くこと」は、あくまでも「ジェントルマンになるため」の通過点に過ぎない。

遠藤氏の言葉で、私が一番救われた。

活動の目的を見失っていることに、私自身が気づかされた。

目標は、「日本に行くこと」であるが、「目的」はいつも「ジェントルマンになること」である。

やはり、目的のぶれた努力はつらい。最近、それを選手も私も感じていたのだ。

「選手は、失敗しながら成長するもの」

その基本を胸に抱き、進んでいくことを決意することができた。

「せめて私だけは、応援してくれる方々に報いる生き方をしていこう」

「日本への道」は、選手と私の闘いではなく、私自身の中の闘いの先にあるのだ。私は、「完璧な取り組み」を、選手ではなく私自身に求めた。自然と、私の心に余裕が生まれた。すると不思議なことに、この日から交流までの3ヶ月間、チームとして一度の失敗もなく、満足できる野球部活動ができた。失敗に学ぶことができて、初めて失敗に感謝することができる。やはり大切なのは、「何のためにやるのか」＝「目的の大切さ」であった。

一所懸命は美しい！

ある日、朝の清掃後、私用で首都・カンパラに行き、夕方の練習に遅れて参加した。用事が早く済み、予想以上に早く戻って来ることができた。セントノアのグラウンドは国道の横にある。

今日は、いつもと違い、道路から直接グラウンドに入った。彼らは私の姿に気づかない。大きな声が響き渡るグラウンド。一人ひとりの真剣な目。そして、力いっぱいの走り。夕日に映るセントノアの野球選手の真摯な姿が目の前にあった。

「コーチがいないのに、こんなに真剣にやっている」

空き地のようなグラウンドでボールを追い、懸命にプレーするウガンダ野球選手の姿を見て、思わず涙が溢れた。涙が止まらなかった。嬉しかった。

「こいつら、なんでこんなに一所懸命なんだ」

ここで仕事を始めて1年3ヶ月経っていた。こんな光景が見られるとは思っていなかった。

一所懸命の姿は美しい。一所懸命は人に感動を与えるのだ。私が選手の姿に感動してしまった。

ナショナルチームに関わっていたため、ここ1週間、セントノアの選手には自分たちで合宿を仕切らせていた。自分のチームを離れ、初めて自分のチームの成長に気づくことができた。

小学生も合宿に参加していた。彼が参加して1週間。全くできていなかった練習に対する姿勢が正されている。ジュニア選手の一所懸命な姿を真似ていたのだろう。

これが、人を育てるということなのか。

ジュニア選手がその生き方を見せ、小学生を成長させている。自分たちの人生の成功のために、まじめに一所懸命生きる彼らを尊敬する。

私も、彼らの見本となるべく成長を続けたい。

あきらめない理由

うまくいかないとき、自分の弱さに気づいたとき、私は遠藤氏のブログを壁に貼り、いつも読み、心を奮い立たせていた。


――人生の中でこれだけ「人のために」動いたことはない。

自分のためだけに動くことは人生の中多々あった。

でも、本気で真剣に熱意を持って他人に向けて動くことがあっただろうか。
言葉では簡単にいえる、「人のために」。でも、行動に移すのは難しい。
仕事の時間を割いて動く。
優先順位を一番上に上げて取り組む。
なぜだ？　なぜここまで動けるのか……

自分への挑戦でもある。
本気で人のためにどれだけ行動できるか？「本気で」である。
頭を捻り、同志と共に考え邁進する。この先に何があるのか？
分からない。このミッションが終えないと分からないに違いない。

徳を積む。

いかにして、人のために奉仕し、短い人生の中で徳を積めるか。
自分への挑戦であり、彼らの、周囲の、たくさんの人の喜ぶ顔が見たい。

難しく考えず、風の吹くままに、その風に乗り、皆に賛同してもらう。
すべての携わった方々が「素晴らしかった！」の声が聞きたい。

人のために本気で行動すると何が起きるのだろう。

何も起きないかもしれない。でもワクワクする。ドキドキする。
人生ツキまくっている自分は、これからもミラクルが起きるに違いない。
すべての人にありがとう！

人には「使命」「役割」があると最近感じる。
それに気づく人、気づかない人、目覚めて動く人、動いて目覚める人。
何か大きな力に動かされて、必然的に事を成す。
必然的に「縁」が結ばれ、太くなり、ステップアップする。

人生は面白い！

自分の足で立ち、自分の意思で動き、自分に責任を持ってやり遂げる！
自分の人生を賭ける価値がこの中にある……
人生はすべてのことに意味がある。

ここまで人のために動いている男を、私は決して裏切ることはできない。
私のあきらめない理由がここにあった。

3つのDを考える

日本への出発まで、あと3週間余りとなる。しかし、まだ10名の選手がパスポートを取得していない。2ヶ月前から動き始めたにもかかわらず。
ここまで時間がかかっている理由は、取得の手続きが多すぎることにある。警察や裁判所に行き、人物の証明書を要求され、挙げ句の果てに金を要求される。高校生相手に、役所の人間が賄賂を要求するとは…。どこまでも腐敗した社会である。そんなこともあり、選手だけでなく同僚のルワンガ先生もついていって、やっとサインを貫える状況であった。チーム内は日本流でいけるが、外の社会が絡むとそこはウガンダ。信じられないくらいのペースダウンになる。

先日、柏田社長とのお話しで興味深いものがあった。ウガンダ人には３つのＤが欠けているという。

1. DETERMINATION（決意）やるぞという気持ち
2. DEDICATION（献身）集中して取り組もうという気持ち
3. DISCIPLINE（躾）けじめ

ウガンダ人は人柄も良く、頭も良い。しかし、この３Ｄが欠けているばかりに、何をやるにしてもきちんとできないという。だから社会には賄賂が横行し、だらしなく、けじめのないものとなっている。家庭の躾もそういったものを盛り込めない。親が知らないからである。

日本には、武士道の精神がある。しかし、これは一朝一夕でできたものではない。織田信長→豊臣秀吉→徳川家康と５００年の間に培ってきたものである。その精神がもととなり明治維新→工業化→先進国となっていったのだ。いきなり先進国ではないのだ。

柏田社長は、ウガンダのムセベニ大統領に「あなたは、織田信長になれるはず」と言ったそうだ。古きものを壊し、新たな考え方をウガンダに入れてほしいと。大統領が織田信長を知りたいというので、年明けに織田信長の本をプレゼントするという。５００年後のウガンダのために、ムセベニ大統領が織田信長を読む姿。素晴らしいと思う。それだけ、伝統精神をつくるには時間がかかるということだ。

長年培われてきた良き日本的精神のおかげで、私たちにとって住みやすい日本社会となっている。これが崩壊したときは、過ごしにくい日本社会となるだろう。

私たちの使命は、「良きものを壊すことでなく、継続させ、創り出すこと」である。

後世に、素晴らしい日本社会を残すべく、私も自分に3つのDがあるか、この機会に確認したい。

困難に感謝する

「志高く、笑顔で乗り越える！　困難に感謝！　日本で会いましょう！　遠藤友彦」

遠藤氏からの言葉を机に置き、いつも困難があるとき、この言葉に励ましてもらっていた。

日本への出発まであと9日。

実はその日、1名の選手のビザがウガンダ出国までに間に合うか、微妙であるという話を聞いた。家庭の問題が重なり、パスポートの申請が大幅に遅れたムコベが、交流に同行できない可能性が出てきた。

「困難に感謝しなければ」と思いつつ、感謝できない自分がいた。

「こんなにやったのに、なぜ全員で行けないのだ！」

誰にぶつけてよいのかわからない苛立ちを感じていた。

そんな思いを抱きながら、日本からの一通のメールを読む。そこには、かつての職場の同僚であった鎌田さんが、家族でウガンダ交流イベントに来てくれるという旨が書かれていた。

そして彼が現在、奥様の病気のことで、大きな困難に挑んでいることを知った。

「妻が余命６ヶ月という医師の宣告を受けた」という事実を受け止め、不平、グチなどを言わずに、その解決の方法を懸命に探している彼の姿を知り、涙が溢れた。

「自分は甘えている」

私の困難など、彼に比べれば所詮、困難ではなかった。いわゆる不平、不満が出るうちは余裕がある。本当の困難の前では、そんな余裕は出てこない。今の私を省みると、挑戦できるだけで幸せではないか？　自分で望んだことだろ？　あきらめる前にすべきことがあるのではないか？　本当に情けない自分だった。いつのまにか、感謝の気持ちが欠けていた。

そう思い、一人反省していたときに、日本大使館から「ムコベのビザができた」との連絡があった。今日提出したにもかかわらず、今日できたのだ。信じられないことが起きた。大使館の迅速な対応に感謝の気持ちが湧いてきた。

物事は、結果が出てから感謝するのではなくて、感謝しながら物事に取り組んだとき、自ずと良い結果をもたらすということを知った。

困難は、その人の感謝の心を試すものなのかもしれない。

やっと遠藤氏の言う「困難に感謝する」という意味が理解できた気がした。

見えない力が後押しする

出発まで一週間を切る。感謝の心が湧いてくると、物事がすべてうまく運んでいく。

航空チケットが、ようやく今日になって日本で発券された。実は、事前に予約していたものは、すべてキャンセルとなっていた。発券が遅れた理由は、予約していた名前とパスポートの名前のスペルが違っていたことにある。校長先生すら、自分のミドルネームを入れないで予約していた。自分の名前のスペルを正確に知っている者が少なかったため、ほとんどの予約をキャンセルし、取り直すことになったのだ。出発が直前に迫った今、もう日本から郵送していては間に合わない。

しかし、うまくいくときとは、こんなものなのだろうか。ＪＩＣＡ職員の友人が日本から近日中にウガンダに来ることを知る。早速連絡を取り、その方が全員分の航空券をウガンダに持参してくれることになった。

私が航空券を手にしたのは、実に出発の４日前であった。

まさに綱渡りの日々である。多くの方々の熱い思いが、何か見えない力となって後押ししてくれていることを感じる。

ふと日記を読み返した。そこには、この交流プロジェクトが始まってからの自分の心の動きが書かれていた。５月から数えて９ヶ月になるが、一日たりとも無駄にしていなかった。無為に過ごした日はなかった。

休日は家族が来た４日間だけ。常に選手とともにあり、自己と選手の向上に努めていた。確かに方法は拙《つたな》い。しかし、この９ヶ月の自分の歩みには誇りが持てた。

もし神様という存在がいるとするならば、自分は神様に見守られてきたのだと思う。

自分の仕事が神様に認めてもらえたような気がして、これまでの取り組みに対して自信を持つことができた。このとき、私はウガンダ交流の成功を確信し、これから起こるさらなる奇跡を予感していた。

第三章　ウガンダ野球チーム、北の大地に立つ

奇跡のフライト

私たちセントノア高校野球部選手13名、校長1名そして私の計15名は、ウガンダ国際交流に参加するために、日本へと旅立つことができた。

２００８年1月24日、私たちは関西国際空港に到着した。

しかし、折からの低気圧で北海道は大雪との情報を得ていた。

予定通り飛行機が運航されるかがとても心配であった。しかし、飛んだ。正確にいえば、私たちが予約していた便だけが……。他の便はすべて欠航であった。まさしく、奇跡だった。

関西空港を飛び立ったとき、感動で涙が溢れてきた。私たちの便がキャンセルに

なったら……、私たちは飛ぶことができなかったのだ。

「奇跡とは、勝手に誰かに降りかかるものではなく、自ら動いて起こすものなのだ」

新千歳空港に着いたとき、選手を集めてこう言った。

「俺の責任は果たした。俺たちの努力が、日本人の熱い思いが奇跡を起こし、飛ばないはずの飛行機までも飛ばすことができた。それは、お前たちが陰日向なくジェントルマンを目指して、毎日努力したからだ。ありがとう。私は、そんなお前たちを誇りに思う。この交流は必ず成功する。この旅を楽しもう」

溢れる涙をぬぐいながら、ふと出口を見ると、そこには私たちを待つ同志の姿があった。

その光景を見て、何か「懐かしい」感じがした。初めてなのに、昔見たことのある光景がそこにある。

いつもこの瞬間を想像していたからなのだろう。自分の責任を果たした満足感があった。

「あとは任せた！」

ふらふらになりながら、最終走者に襷《たすき》をつなぐ駅伝走者にも似た心境であった。同じ目的で一つのことに向かって進んできた仲間の存在を、このときほど心強く思えたことはなかった。吹雪でさっきまで閉鎖されていた高速道路は、私たちの到着を歓迎するかのように、再び開通した。

すべてが完璧なタイミングで動いていった。

思いの強さは距離を越えた‼

ここは、あの全国を湧かせた駒澤大学附属苫小牧高校野球部のグラウンド。13名のウガンダ野球選手が、雪の降り積もるそのグラウンドに立っている。人差し指を天に向け、大きく「チャンピオン！」と叫び、あの№1ポーズをした‼

1月26日。私にとって忘れられない日となった。

今、私の選手たちが、海を越え、夢にまで見たあの憧れの「駒苫」と同じグラウンドに立っている。「こんなことってあるんだ」。信じられない光景がそこにあった。

ふと、2年前の記憶が蘇える。

2006年3月3日。私は当時、札幌の中学校の英語教師として野球部を指導していた。その日は、野球部全員で駒苫野球部の練習見学に行く予定であった。「日本一のチームを選手に見せたい」。そんな思いから計画を立て、当日の朝を迎えた。しかし早朝、新聞には「駒大苫小牧野球部不祥事」とあった。目を疑った。野球部の卒業生が不祥事を起こし、春の選抜出場が微妙な状況となっていると書かれていた。今日は、マスコミが大挙押しかけることだろう。練習は中止となった。

もちろん見学も中止である。選手たち憧れの駒苫練習見学は、残念ながら実現できなかった。私は当時、1ヶ月後に教職をやめ、青年海外協力隊野球隊員として、アフリカのウガンダ共和国で働くことが決まっていた。駒苫見学は、「選手たちに日本一を見せたい」という私の思いから計画した置きみやげのつもりだった。もっと早く企画していたらよかったのに……と後悔した。

そして、私はその6ヶ月後、ウガンダでセントノア野球部の選手たちと出逢うこととなる。

ちょうど1年4ヶ月前のことである。日本のことも、日本の野球も全く知らない彼らに、まず日本野球の素晴らしさを見せる必要があった。そして、彼らがTVの画面を通じて生まれて初めて見た野球が、駒苫の甲子園での優勝シーンであった。

初めて見る本物の野球に興奮するウガンダ選手たち。同世代の若者が、エネルギッシュに動く姿に感動していた。ウガンダ選手たちに、野球というスポーツの素晴らしさを、そして野球人としての誇りを持たせてくれたのが、甲子園で活躍する「駒苫球児」だった。駒苫野球が彼らの心に火をつけたのだった。その憧れの日本一のチームが、今、目の前にいる。これを奇跡と言わずして何と言おうか。

2年前に教え子たちに見せられなかった駒苫球児の姿を、選手の肌の色こそ変わったが見せることができた。札幌⇒苫小牧は、車で40分の距離。ウガンダ⇒苫小牧は、飛行機で23時間の距離。思いの強さは、距離を越える。こんな不思議なことが本当にあるのだ。

私たちは、何か目に見えない力によって赤道直下の国から、ここ真冬の苫小牧に導かれたのだ。

香田元監督のウガンダ選手への激励の言葉を思い出した。

「君たちとは遠く離れていても同じ野球人。いつか同じ球を追いかける同志として、会うことができれば最高だ」

「奇跡は起こるものではなく、自ら動いて起こすものだ」

雪の降り積もるグラウンドを、白い息を吐きながら走る褐色の選手たちを見て心の底からそう思った。

日本人より日本人らしく

北海道に着いてからの選手は、いつもどおりの生活のリズムを大切にさせた。

赤道直下の真夏の国から真冬の北海道への旅は、体調管理が大切だと思っていた。

そのためにも、いつもどおりの生活リズムを北海道でも継続させるよう心がけた。

初日、選手とともに登別の温泉に入る。初めての温泉は選手たちにとっては、大変心地よかったようだ。たらい一杯の水で、体も頭も洗いきる彼らは、お湯が張られている湯船には圧倒された。またシャワーの水圧の強さには、目を傷める選手もおり、日本の技術の高さに驚いていた。

体を洗い終えた後、自分たちの使った桶を片付け、椅子をまっすぐに並べている彼らの姿があった。使ったものは次の人のためにきれいに片付ける。当たり前のことであるが、なかなか今の日本人でもできていないことである。彼らの行動を見て、周囲にいた日本人が逆に驚いていた。

ホテルをチェックアウトするときも、部屋は完璧にきれいな状態にして出ることに努めた。掃除をしなくても、新しいお客が入れるくらいきれいであることを目標とした。

「慎独《しんどく》」といって、人は気品を高めるために、誰も見ていないところでの振る舞いが大切であるという。

一人のときに、行動を慎むことが大切である。だからホテルで使った部屋を見ると、その人の持つ気品がわかるのだ。思えば、修学旅行のときにも、どの学校でも生徒にそうさせている。

使わせていただいたことに対する感謝の気持ちを育てる。そのために、細かいことを徹底させる必要があるのだろう。

そういったことがしっかりできていれば、体調管理もスムーズにいき、野球のプレーも良くなると信じて取り組んだ。

そしてやはり、札幌ドームで奇跡が起こった。

札幌ドームでのイベントには２０００人以上の人々が集まった。ウガンダには、屋根付の体育館すらほとんどない。だから、屋根付きのドーム球場はウガンダ選手にとって、ＳＦの世界の建築物のように見えたことだろう。

親善試合の相手である北海道日本ハムファイターズ中学生選抜チームは、野球における技術が素晴らしかった。ウガンダナショナルチームをはるかに超える実力を持っている。大差の試合になっても、決しておかしくはない相手であった。

しかし、結果は……両チームノーヒットの0－0の引き分け試合となる。

投手のベナードが、札幌ドームの大舞台で、今まで見たことのない「奇跡の投球」を見せる。何かが乗り移っているのかと思うほど、冷静で粘り強い投球であった。

カバーリング、声、動き。チームの一体感は、どれをとっても選抜チームに勝っていた。技術の差を「心」でカバーする。まさに、心で勝つサムライ日本野球をウガンダ人がやっていた。顔つき、目つき、姿勢にその人間の考え方、生き方が見える。ドームで生き生きとプレーする彼らから、ここ1年余りの日々の積み重ねを感じることができた。

球場内で、彼らのプレーを見ていた香田元監督は、「ウガンダ人の野球に対する姿勢が本当に勉強になった。試合中に5回ほど涙が出そうになった。子供の頃、初めてボールを握った感覚や、楽しくボールを追っかけていた過去が蘇りました。言葉ではうまく表現できないけれども、日本野球に失われたものを彼らは持っている」と話された。

試合終了後のスタンドからの大声援は、その彼らの素晴らしさを、彼らから受けた感動を讃えたものだろう。ウガンダ人のプレーに、大観衆は私たちの追い求めている「日本人の姿」を見たのだ。

人生は、人のご縁で創られている

翌日、札幌市内のイベントホールで交流イベントが行われた。イベントの内容は、私の講演の他、ヨサコイソーラン、書道家先生によるパフォーマンスがあった。

ボランティアスタッフによる献身的な仕事で、見事な流れで進んでいった。私の講演に与えられた時間は30分であった。私にできることは、ただ今の思いを伝えることであり、感謝の気持ちを表すことだった。

話しを進めていくうちに、会場には私が今までお世話になった方々がたくさん足を運んでくれていることに気づいた。家族、親戚をはじめ、恩師、友人、教え子、職場の同僚。今思えば、すべての人々が私を育ててくれた。その方々のお陰で今の自分がある。この方々とのご縁があり、今の自分の人生がある。そう思うと、胸に熱いものがこみ上げてきた。６００名を超える来場者の前で落ち着いて話すことができたのは、私の話に真剣に耳を傾けようとしている温かい雰囲気のおかげであった。

今、私がこの壇上に立っているのは、一人では叶えられない大きな夢を、同じ志を持つ方が支えてくれたからだ。だから、大きな夢を実現することができた。人は小さい夢なら自分一人でも叶えられる気がしてしまう。

しかし、夢が大きければ大きいほど、自分の夢を共有してくれる同志の存在が必要となる。

大きな夢を持った瞬間に、人は「人間」になるのである。私は、人は人の間で生きているという「当たり前のこと」を、今日実感することができた。ウガンダで一所懸命やるのは、私にとっては当たり前だった。なぜなら、それは私の夢だったからだ。ウガンダでの挑戦を決断したのは、他ならぬ自分であった。

だから、あの環境で一所懸命やるのは当たり前である。

しかし、夢が現実に近づくにつれ、応援してくれる方々の思いを裏切るような生き方はできないと、強く思うようになっていった。どんなことがあっても、やり遂げなければならない。私の夢は、いつしか多くの人の夢に変わっていったのだった。

特に、主催者として動いていた遠藤氏に対し、恥ずかしい生き方をして日本に帰るようなことは、絶対にできなかった。

自分のためだけなら、きっとどこかで妥協していたかもしれない。

私は、一つの「夢の実現」を通じて、「人間は一人では生きていけないし、生きてはいない」という当たり前のことを知った。そして、皆様からいただいたご恩を北海道に、そして日本に、これから返していくことが私の使命だと、このとき感じた。

北海道には大きな財産がある。

それは、自分のためだけでなく、人を喜ばせるためにという、いわゆる「他喜力」を持つ方々の存在である。北海道には、皆を感動させたい、喜ばせたいと、お金じゃないところで動ける人たちがたくさんいるのだ。

この素晴らしいご縁を生かし、自分の世代だけでなく、次の世代に、１００年後の北海道、日本のためとなる素晴らしいものを残したい。

自分の人生が、大きく動いていることを実感した。

北海道に生まれたこと、日本に生まれたこと、そして日本人であることに本当に感謝している。

第四部

１００年後の日本とウガンダを思う

第一章　確かな手応え、それでも超えられない現実

いつでもどこでも誰かが見ている

夢のような日本での滞在を終えた選手たちは、一回りも二回りも成長を遂げていた。

「日本に行く」という大きな目標を達成したあとの、バーンアウト（燃え尽き症候群）を心配する声もあった。野球をやめる者や、また真剣に取り組まない者が出てくるのではないか？

心配は杞憂に終わる。彼らの心が、180度変わったのである。

「いつでもどこでも誰かが見ている」

日本では、八百万《やおよろず》の神がおり、いつでもどこでも見守られているという感覚があ

る。だから、世界でも有数な倫理観を持つ国となっている。落とした財布が、そのまま交番に届くような奇跡の国となっている。

1年4ヶ月前、彼らは「コーチがいるからさぼらない」「コーチがいないからさぼる」という選手であった。コーチの目を気にした行動が目立っていた。行動の基準がコーチである私だったからだ。

しかし、交流後の選手の考え方は全く違っていた。私たちが一所懸命働き、努力し成長する姿を、多くの日本人にほめていただいた。私たちの生きる姿勢が良くなるにつれて、文房具、野球道具、多数の見学者、そしてウガンダ交流という多くのチャンスを得ることができた。一所懸命努力し、自分を変えることに集中した結果、多くのものを得ることができた。

世間というものは、努力する者を裏切らない。そのことを彼らは経験からつかんでいた。つまり、世間への信頼が芽生えたのである。

「正しいことを積み重ね、良い人間になれば、誰かが必ず応援してくれる」

それを彼らは、野球そしてウガンダ交流から学んだのだ。

帰国後、コーチがいるいないにもかかわらず、陰日向なく働き、厳しい道を選ぶ姿があった。20名近くの部員が新たに入部した。毎朝4時半には彼らを起こし、時間通りに清掃を始める先輩部員たち。自分たちの経験を多くの人に伝えたい。それが私たちの使命である。そう信じていた。

だから、校内で集会を開き、時間を守ること、掃除をすること、礼儀を正すことの大切さを一般生徒にも説いた。学校内だけでなく、地域の小学校を訪問し、次世代の子供たちに日本の躾の素晴らしさと、「夢は実現する」ということを語っていた。

日本に行った先輩部員たちが目配り、気配りをして、後輩を育てている。そこには、かつていた口先だけのウガンダリーダー像はない。自らが手本となり、その生きる姿を見せ、指導していた。

後輩も自己変革をし、夢を叶えた先輩たちを尊敬し、積極的にそれを真似ようとした。

気がつけば、先輩部員が6ヶ月かかったことが、新入部員たちは1ヶ月でできていた。身近に多くのお手本がいることで、成長が加速していた。私の任期も早いもので、残り3ヶ月を切っていた。私たちは次なる目標「ウガンダチャンピオン」を目指し、ウガンダの甲子園「スクールカップ優勝」に照準を絞っていくこととなる。

ジェントルマン育成計画

ある日、ルエロ県にあるンデジェ高校に行った。バスで3時間かかる距離の学校で、他の協力隊員が先日そこで野球部を新設した。自分たちの活動紹介と、野球指導のために部員35名を訪問させてもらった。他の県の学校に訪問することはほとんどない生徒たちは、敏感に自分の学校との違いを感じ取っていた。ンデジェ野球選手21名は校門で整列して、迎えてくれた。やはり日本人の指導者はこのあたりから違う。いわゆる「もてなし」のレベルが高いのだ。

普段の練習を見せ、一緒に行った。選手同士で教え合い、ンデジェからも質問が出る。「3アウトでチェンジ」など、本当に基本的なことである。それに対して、丁寧に受け答えをするセントノアの選手たち。

「ウガンダ人がウガンダ人に野球を教えている姿」を見た。アメリカ人や日本人ではなく、「ウガンダ人の中で野球が広がっていく」、これが最高の形である。

その後、ウガンダ国際交流の様子や、自分たちの活動のビデオを見せながら、熱く語る選手たち。その姿勢には、自信がみなぎっている。ンデジェ野球選手の心に「真面目にやろう」という火がついてくれると嬉しい。将来は、ナショナルチームに入る選手も出てくるだろう。楽しみである。

「自分たちの生き様をウガンダに広げたい」「ウガンダのリーダーになる」という彼らの思いを実現すべく、「ジェントルマン育成計画」がスタートした。

彼ら自身も、さまざまな環境に生きる子供たちに触れ、多くを感じ、自分たちがいかに恵まれているかを知るだろう。そして、自分たちが彼らのために何をすべきかを考えていくようになる。

ウガンダで、もっと貧しい環境で生きている子供、身体に障害のある子供。その子供たちの学校を訪れ、自分たちの使命を考えさせたい。

「ウガンダを良くしたい!!」

この素晴らしい志の灯を燃やし続けるために、もっと視野を広げさせたい。

「心を動かす」ことで人は自ら動く。

「お前たちは特別なんだ」

私は選手たちにいつも言う。「自分は特別である」という良い意味でのエリート意識こそ、今一人ひとりが持たなければならないものである。

「誰かがなんとかしてくれるだろう」ではなく、「せめて自分だけは」の意識で、選手たちとともに生きていきたい。彼らが「ウガンダのために」と言うたびに、私も「日本を良くしたい」という思いを強くする。いつも選手に感謝である。

努力では超えられない困難

キャプテンのアーロンが相談に来た。

「コーチ、実は野球をやめなければならないのです」

「どういうことだ？」と耳を疑った。

「実は、私は母子家庭です。お父さんの顔は見たことがありません。お母さんも働けません。だから、祖母の遺産で高校に進学することができました。ただ、その遺産が底をついたようです。だから学校をやめ、働くことになります。野球もやめなければなりません。どうしたらよいでしょうか？」

言葉を失った。

彼は、真のジェントルマンであり、チームリーダーである。彼がリーダーになってから、チームは大きく成長していった。チームのために陰日向なく働く彼の姿は素晴らしい。

人よりも早く来て、準備をし、誰よりも遅くまで残り、チームをサポートしていた。自ら見本となってチームを引っ張る姿は頼もしかった。読書量から来る鋭い洞察力。とても10代の若者とは思えない独特のオーラが彼にはあった。

そのアーロンが退学する。

将来はナショナルチームに入り、大学にも進学したいと語っていた。そして彼の究極の夢が、アフリカの国々を鉄道でつなぐことだった。鉄道でアフリカの国々を結び付け、相互交流を深める。鉄道が、アフリカの国同士の友好の架け橋となる。彼は真剣にそう考えていた。

その彼が、野球だけでなく、学校もやめようとしている。もちろん、学歴社会のウガンダでは、高校中退では就職が全くない。

「どうしたらよいのか？」

突然の相談に私は困惑した。

「コーチ、私はついています」

アーロンは、本当によくやっている。朝の4時半前から学習し、掃除をする毎日。私の高校時代と比べると天と地ほどの開きがある。私は、彼らのような努力もせずに、大学卒業まで野球を続けることができた。

「もし、君が日本に生まれていたら、絶対成功している。君ほど頑張っている若者はいないのだから。ウガンダに生まれたばかりに、かわいそうに」

慰めのつもりで言った言葉だったが、彼から意外な返事が返ってきた。

「コーチ、違います。私は運の強い人間だと思います。ウガンダでは多くの人は高校に行けません。祖母がお金を残してくれたおかげで、私は高校に通うことができました。そして、親が許可してくれたので野球をすることができました。そしてコーチに出逢い、多くの日本の方々に応援していただき、日本に行くことができました。こんなウガンダ人、アフリカ人はいません。ここウガンダに生まれたからこそ、実現できたことだと思います。私は、親にもウガンダという国にも感謝しています」

彼の言葉にショックを受けた。「高校に通えて当たり前」「野球ができて当たり前」だと信じていた自分の考えを恥ずかしく思った。世界の8割の途上国の人々にとっては、それは当たり前のことではなかったのだ。そのことを重々知りながら、アーロンの直面する困難を正面から見据えて解決しようとしなかった。彼は現実を直視し、私に慰めの言葉ではなく、その解決方法を求めていたのだった。

彼は言う。

「コーチ、私はウガンダのリーダーになりたい。そのために成功する必要がある。そして、日本人の伝統習慣を多くのウガンダ人に伝えたい。そうすれば、ウガンダが発展すると思います」

彼との話し合いの結果、農業を志すことを決めた。肥沃な土地を持ち、豊富な水のあるウガンダでは、農業はやり方によっては大きな可能性を秘めている。

彼の目標は、農業で成功するということに変わった。

人生のチャンピオンになる

この時期に、アーロンの他に4名の選手が、家庭の事情で退学することとなった。うち2名は、アーロンとともに農業で身を立てることを決めた。残りの2名は、笑顔と人当たりの良さを生かし、運転手としての道を歩むことを決めた。

「野球を通じて人間を育てる」

野球はあくまでも人間形成のための道具であり、手段である。彼らには、いつも野球で学んだことを生かし、「人生のチャンピオン」になることを求めていた。そのチャンスが、今来たのだ。

アーロンたちは、自ら農業の師匠を見つけてきた。一から学ぶには、良き師匠が必要である。彼らの巡り会った師匠のトムは、医者であるが海外経験が豊富で、デンマークや日本流のやり方を農場に取り入れている。先日、ウガンダの農林大臣も訪問に来て感激していたという。ウガンダでは珍しく工夫がなされている農場である。

運転手になる2名についても、私の知り合いのウガンダ人社長を通して、ホテルでの仕事をいただく。ホテルで見習いの運転手をやり、慣れた後、彼の会社で働かせてもらう予定である。

「求めれば道は開かれる」。彼らの新しい挑戦が始まった。

逆境から何を学ぶのか　～最後の大会での屈辱的な結果～

ウガンダの甲子園というべき「スクールカップ」が、チャンボゴ高校の優勝で幕を閉じた。

「ウガンダチャンピオン」を目指し、1年8ヶ月やってきたその成果を、この大会で発揮する予定だった。しかし、私たちセントノア高校の結果は「不祥事による出場辞退」という予期せぬものとなった。

大会2日目の夜、コマケチ、ボニーの2名が、寮を抜け出しパーティーに出席。飲酒をし、警備員に止められ、寮に入ることを許されなかった。

3日目終了後、ベナードとソフトボール部の女子が帰りのバスに乗らずに、アルコールを買い、ともに飲酒。女子生徒が急性アルコールで倒れ、病院に運ばれた。幸い一命をとりとめたが、学校も事態を重視し、大会の参加を辞退するに至った。

他の選手は、一部選手の愚行に涙を流した。

私自身も連日の不祥事に、力不足を感じた。日本に行った13名のうちの3名。リーダーとなるべく期待していた彼らの態度は、校長をはじめ多くの協力的な教師を落胆させた。

私の指導する生徒は、なぜかいつもこうなる。日本にいたときを思い出す。原因の多くは思い当たるが、自分自身の甘さに起因しているといえる。選手に対しては、いつも「信頼すれども、期待せず」ということを心がけている。とはいうものの、「もし自分が彼らの立場であれば、絶対にそんなことはしないのに……なぜだ？」と思ってしまう自分がいる。ウガンダ人は、欲望に直接的であるとは思っていたが、最後の大会においてこのような結果は想定外であった。

よく考えると、ソフトボール部の女の子が倒れなければ、ベナードの飲酒については明るみに出ることはなかった。彼の飲酒が明るみに出たのは、必然だったのだろう。

きっとこの出場辞退には理由がある。そう信じ、それを見つけるために、この逆境の中に私が必要としている大切な「何か」を見つけるべく、休むまもなく合宿に入る。

今は、変化し続けることしか考えられない。

第二章　すべての出来事には意味がある

鏡の法則　～自分の言ったことが返ってきた～

合宿中、私は事務所の規則を破り、ある方から叱責の言葉をいただいた。

「このミスで、あなたの今までの活動が音を立てて崩れています」

それは、私にとって納得し難い言葉であった。2年間の仕事が、このたった一つのミスで全否定されたように感じたのだ。

しかし、このとき「はっ」として思い出した。実は、私が言われたこの言葉は、飲酒をして停学になった3選手に私が言った言葉と同じだった。

「お前たちは野球から何も学ばなかった。だから、俺は悲しい」

彼らは、今までコツコツ努力していた。にもかかわらず、私は彼らの努力を全否定する言葉を言い放っていた。今思えば最初の合宿で、毎日朝食のパンと紅茶を運んでくれたのはベナードだった。練習後、オフィスを毎日一人で掃いていたまじめなボニーを思い出す。コマケチは、いつも和やかな雰囲気をつくることができる選手だった。

自分の苛立ちを抑えきれず、彼らの努力の過程を全否定したのだ。彼らはショックだったと思う。まして、尊敬している人間から言われたのであれば、それを信じて、そのまま受け入れてしまう。自分の言葉の重さを知らずに、不用意に感情を爆発させていたことを深く反省した。

「たった一つのミスで、今までの努力の成果を否定することは誰にもできない」

そのことを自分が叱責を受け、改めて感じた。だから叱責の言葉には、とても感謝している。私が、選手に対してミスをしていたことを気づかせていただいたのだから。

人生に起こることはすべてに意味がある。確かに理不尽に思うことも人生には多々ある。しかし、そこに必ず学びの種があることをいつも考えたい。

鏡の法則。人生は良いことも悪いことも、与えた分だけ返ってくる。

教育に浪漫を

私にとっての最後の合宿は、上級生が指導者となり、生活、練習すべてを自分たちで進めていった。先輩を見本として順調に育っていく下級生たちを見て、そこに理想のチームの姿を見ていた。

そんなある日。やはり未熟者である。全員遅刻の朝があった。

「お前たちの人生、こんなことの繰り返しか?」

練習の最後にそういい残して、その日は終わった。

翌日、アーロンが部室に来た。

「昨日コーチに反省しろと言われ、ずっと人生について考えました。しかし、人生の成功の意味がわからないので教えてください」と言ってきた。それから1時間ほど、成功の意味、人生、仕事について自分の考え方を話した。

「自分の生まれてきた意味、使命をほとんどの人が知らずに亡くなっていくこと」

「仕事の意味を知らずに多くの人が悩んでいること」

これは勿体ないことだ。自分たちは、この一度しかない人生を輝かせたい。活かしたい。

「人生で自分の使命を知り、それを達成する」

「世のため人のために良い仕事をする」

そして、

「次の世代のために良い国を創り、それを残す」

「先祖の努力に感謝し、大きな夢を持って自分の可能性を伸ばす」

そんな人間でありたいと話しあった。

「偉大な教育者は経綸《けいりん》（国を治めること・その方策）の大志を抱いていた」という。

プラトン、ペスタロッチ、孔子。日本では、吉田松陰先生。偉大な教育者は、一度は政治で国を変えようと試みたが、挫折をしている。

偉大な教育者とは、自分の志を教え子に託し、教え子を通してそれを実現した人なのだ。

教え子が自分の代わりになって志を実現する。

明治維新で活躍した松陰先生の弟子たちを見れば、よくわかる。師の命は朽ち果てても、その志は残り、弟子に受け継がれる。

そこに教育の浪漫がある。

リーダーが大きな志を持つことから、偉大な教育は始まるのだ。単なる知識の伝達ではなく、志の伝達こそが教育なのだ。

「セントノアの選手から、将来の大統領になる人間を育てたい」

アーロンに、私の思いを伝えた。

このとき、5年後、10年後、20年後、彼らがそれぞれの能力を発揮して、ウガンダを良くするために働いている姿が想像できた。

選手だけではない。選手の未来の家族、子孫たちも日本精神を受け継ぎ、志を持って生きる姿が想像できた。

やはり、選手は指導者の器を超えて成長はできない。選手の成功を願う前に、まず指導者である自分の人間力を高めることが必要となる。

ウガンダ選手の成功のためにも、私自身が、いつも大志を抱く人間であらねばならないのだ。

石の上にも3年

最後の合宿が終了した。

今回の合宿は、基本に返ることを目標とした。他の隊員が指導するンデジェ高校野球部も参加した。野球を通じて、両校選手に友情が芽生えたようだ。

セントノアのシニア選手が、ジュニアを丁寧に指導する形をとった。コーチはあくまでもシニア選手であり、私たちは技術指導にはほとんど加わらなかった。

ただ、生活面は厳しく基本から見直した。服をそのつどたたむこと、食べたら片付けること、服の干し方、靴の揃え方、ベッドの整え方。その人の部屋を見れば、その人がどんな人であるかがわかる。ごまかしはきかない。一見どうでもいいようなことだが、一人ひとりが小さな正しいことを習慣化すること、「凡事徹底」で結果が大きく変わることを話した。

また、読書の代わりに、シニア選手による「成功のための授業」を行った。ナポレオンヒル、スティーブンコービー、ポール・J・マイヤーの本を読み、それを自分の言葉にして授業を行う。おかしなところには、容赦のない質問が飛ぶ。「人生とは」「成功とは」「仕事とは」「目標と目的のちがいとは」「集中力をつけるためには」。そんなことをまじめに話し合うウガンダ人がいた。

私も「仕事について」「人生について」「成功の仕方」「なぜ挨拶か」「靴を揃える理由」など、改めて自分の考えが整理できた。

ところで、今の考え方になったのは、いつからなのだろう。

つい何年か前までは、正反対の人間であった。そんな細かいことを選手に強制する必要などないと考えていた。細かいことにこだわりすぎると、服従するだけの選手を育ててしまう。自由に放任することが、一人ひとりの個性を伸ばすことにつながると思っていた。

「人は随分変わるものだなあ」

そんなことを考えていたとき、思いもよらないところから、ウガンダに来る前に勤務していた東栄中学校野球部・心の5か条が見つかった。

作った日はちょうど3年前の今日。小さな大会で優勝した日だった。

一、私たちは、日本一の人間力で全国制覇を果たします。
一、私たちは、育てていただいた、親、周囲の方々に感謝し、恩返しをします。
一、私たちは、弱い自分に勝ち、夢の実現をします。
一、私たちは、積極的な人生で、人生を生き、一流の人間になります。
一、私たちは、仲間と野球ができることに感謝と喜びを感じ、今この一瞬を大切に生きます。

一度も勝利のないチームが、春先の小さな大会で優勝を遂げた後にこれを作った。その日から練習前、全員でこれを唱和した。変な宗教かと思われたかもしれないが、全く恥ずかしくなかった。毎日の唱和で、必ず選手が良くなると確信していたからだ。

あの日は、すべてが変わった瞬間だった。自分の考え、選手、保護者の姿勢。あの奇跡の優勝がすべてを変えてくれた。

トイレを掃除して、大会会場のゴミ拾いをしていつも試合に臨んだ。正直、それらは、勝利とは全く関係ないように思っていた。しかし、チーム一丸となって何かにとりつかれたように、奉仕活動を行っていた。今思えば、チームの誰もが勝利のために、わらにもすがる思いだったのだろう。

「奇跡は起こすことができる」

「運を味方につけることができる」

あの大会終了後にそう感じた。あり得ないファインプレーの連続で勝利することができた。とても私たちの実力とは思えなかった。あの大会で私が送った代打はすべてヒットであった。私の力ではない、何か目に見えない力が働いた瞬間だった。

そして優勝後の祝賀会。ほとんど勝てなかったチームを温かく見守り、陰で支えてくれた保護者の喜ぶ姿があった。選手の中に、「親孝行」「親への感謝」の心が確実に育っていることを感じた。あの感動の体験から、今の考え方は確立されたのだ。あの日、「頭でわかっていたもの」が「腹でわかった」のだ。

「石の上にも3年」という。3年続ければ、新しい考え方を構築することができる。そして、あの日以来わずか3年で、自分の人生が大きく変わった。気づけば10年来の夢を実現し、ウガンダで働いている自分がいる。そして、ここウガンダでもウガンダ選手と夢を追い、日本に行くという大きな夢を実現することができた。

考え方が変われば、人生が変わる。確かに人間は変われるのである。

3年間という時間は、一人の人間の人生を変えるのに十分な時間である。

一日1回夢を考える

現在チームは生まれ変わっている。日本に行った13名のうち、残って練習している者は4名である。5名はチームを離れ、おのおの新しいチャレンジに入っている。3名は飲酒による停学中。1名は転校した。現在、チームを支えているのは、次の世代だったジュニア選手たちである。

上級生が抜け、自覚が出てきており、成長が著しい。新入部員も彼らを見本として、しっかりとついてきている。何か今までと違い、雰囲気が良くなった気がする。以前は、やり方がわからないときはコーチの対応を見て、それを基準にしていた。しかし、今はコーチの顔色を見ることなく、自分で判断し、動いているように見える。少しずつ、コーチのためでなく、自分の人生の成功のための野球になってきている。

日本に行ったジョニーが陰で、ジミーが表でチームを仕切る。彼らには情熱がある。チームの雰囲気も、リーダーの雰囲気で随分変わるものだと感じている。

上級生が抜けたことにより、今までひっそりとしていた選手が頼もしくなってきている。人が確実に育っている。その土壌ができている。それが嬉しい。

毎日、練習前に目を閉じ、全員が夢を描く。その中の3名が夢を語る。1週間に1回は話すこととなる。面白いことに、頻繁に夢が変わる。「警察官」だった者が「コンピューター技師」になっていたり、「農民」になったりしている。これは、嬉しい。

毎日考えている証拠である。考えることが、人生のチャンスを引きつけるのだ。夢を考える習慣こそ、ウガンダ人に欠けているものだといえる。

私も毎日彼らと目を閉じ、夢を描く。

考えれば考えるほど、そのために必要な情報が、自然とアンテナに引っかかってくる。またそういう人と出逢う。不思議なものだ。

「思考は現実化する」

ナポレオンヒルも言うように、まず「考えること」から始まり、それがチャンスを引きつけるのだ。人生の成功のために野球がある。ジェントルマンになるために野球がある。一人ひとりが夢を実現し、豊かな人生を送るためにセントノア野球部は存在する。

残り3週間余りの仕事である。自分にとって、最後まで挑戦し続けた仕事でありたい。それが、私の当初からの目標であり、ウガンダでの成功だと信じる。

最後までやりきることに集中したい。

ボニーの涙に思う　～信じることの大切さ～

練習時間前に停学中のボニーが来た。校長からは先日、停学の3人はセントノアに残ると聞いていた。だから、停学中に何をしているのだと厳しい態度で臨もうとしていた。

聞くと父親が転校させるという。転校＝野球をやめるということである。確かに、今の状態でセントノアにいることは難しいと思う。彼自身も、あの教師集団の目の中で生活するのは厳しい。妥当な判断と思う。

突然の最後の機会となった。

絵葉書と交流会のＤＶＤ、そしてメッセージカードを渡した。メッセージは「DREAMS COME TRUE」（夢は叶う）「YOU CAN SUCCEED」（成功できる）だった。

教師たちからは毛嫌いされ、私からもしょっちゅう叱責を受けていたボニーには、最後に何か励ましを贈りたいと思っていた。それがまさに今日になるとは思っていなかった。

「ありがとう。お前はよくやった」と言って、いったんは別れた。あっさりしたものだった。しかし、記念の写真を撮ろうと思い、もう一度彼を呼び止めた。最後くらい彼の笑顔の写真がほしかった。いつも私が怒ってばかりいたからだ。

「スマイル」と言いながらシャッターを押した。彼は笑わない。笑わないどころか、そのとき彼は泣いていた。私がどんなに怒っても表情をあまり変えなかった彼が泣いていた。

それを見た瞬間、私も涙が溢れた。止まらなかった。「すまない」という気持ちだった。

彼のために、できることはやったつもりであった。そのたびに、うまく私の期待に応えられない彼がいた。時々、彼には感謝の気持ちがないのか、考える力がないのかと思ったときもあった。決してそんなことはなかったということに、最後に気づいたのだ。遅かった。

彼の涙を、そして別れる前にしっかり挨拶に来る姿を見て、初めて彼の不器用な人間性を理解した。選手はミスをすることもある。なぜなら、しょせん子供なのだ。そのことを忘れて、彼に完璧を求めすぎていた。人によって成長に差があるにもかかわらず、待てなかった。せめて、私くらいは待ってあげるべきだった。

「人を信ずるに失するとも誓って人を疑ふに失することなからんと欲す」

「人を信じて失敗するのはよい。人を疑って失敗することのないようにしたい」

吉田松蔭先生の言葉を思い出す。

自分のやってきたことは、確実に彼に通じていた。しかし、どこかで彼からの見返りを、この短い期間で求めていなかったか。なかなか応えてくれない彼に対して、いらついていなかったか。私の失敗だった。未熟さを感じる。

これから、新しい環境で彼が野球を続けられるようにサポートしていきたい。彼がリーダーとなり、セントノアの精神をウガンダで広げていき、成功することを信じていく。

いつも選手から、自分の未熟さを学んでいる。選手には感謝している。人を疑うよりも、信じ続けることの方がずっと楽である。たとえ失敗しても。

私のこれからの人生、これだけは楽な道を選びたい。

第三章　大人がつくる環境が子供の未来を決める

歴史に学ぶ先人の努力

ともに野球部を指導したルワンガ先生と出逢ったとき、次のような質問をされた。

「日本は先の大戦で原爆を2つも落とされ、敗戦した。国がひどい状況になったにもかかわらず、60年たった今、世界で有数の豊かな国になっている。ウガンダは独立してから50年以上経つが、まだこのように貧乏な国である。あと10年したら日本のような国になれるのか？　そして、どうして日本がそんなに豊かになったのか教えてほしい。それがわかれば、ウガンダの発展のヒントになると思う」

私は、彼の質問に全く答えることができなかった。日本人でありながら、そのようなことを考えたことはなかった。

「日本の豊かさの理由を知る」

そのために、ウガンダに来てから日本の歴史を学ぶこととなった。

先人たちは、いくつかの国難に出遭うたびに、血のにじむような努力、勇気と決断力でそれを克服し、国を守り続けてきた。大切な人を守るために、日本国を守らねばならぬ。先人の日本国を大切に、愛おしく思う心が、不可能に見えることを可能にしていったのだ。

祖国を思い、周囲の人間を大切に思うこの究極の「公」の精神こそ、日本復興の鍵となったのであろう。先人の努力に感謝し、その思いを受け継ぎ、後世に伝えていく。私もそんな日本人でありたい。

戦後日本復興の理由　〜日本にあってウガンダになかったもの〜

「戦後日本復興の理由」の一つが見つかった。

「なぜ、日本だけ、戦後奇跡的な復興を遂げたのか」

ルワンガ先生の質問に答えるべく、日本のことを調べていく中で、「焼き場に立つ少年」という写真に出会う。

これは、アメリカ人のジョー・オダネル氏が報道写真家として第2次世界大戦後の日本を撮ったものである。


以下［朝日新聞創刊120周年記念写真展より抜粋］

佐世保から長崎に入った私は、……（中略）……少年は焼き場のふちまで来ると、硬い表情で目を凝らして立ち尽くしています。背中の赤ん坊はぐっすり眠っているのか、首を後ろにのけぞらせたままです。少年は焼き場のふちに、5分か10分も立っていたでしょうか。白いマスクの男達がおもむろに近づき、ゆっくりとおんぶひもを解き始めました。この時私は、背中の幼子が既に死んでいる事に初めて気付いたのです。男達は幼子の手と足を持つとゆっくりと葬るように、焼き場の熱い灰の上に横たえました。まず幼い肉体が火に溶けるジューという音がしました。それからまばゆい程の炎がさっと舞い立ちました。真っ赤な夕日のような炎は、直立不動の少年のまだあどけない頬を赤く照らしました。その時です、炎を食い入るように見つめる少年の唇に血がにじんでいるのに気が付いたのは。少年があまりきつく噛み締めている為、唇の血は流れる事もなく、ただ少年の下唇に赤くにじんでいました。夕日のような炎が静まると、少年はくるりときびすを返し、沈黙のまま焼き場を去っていきました。

悲しみに打ちひしがれながらも、涙一つ見せずに、強い意志を持って自分の責任を果たそうとする少年の姿に、この時代の日本人の精神性の高さを知った。

指先を伸ばし、あごを引いて、直立姿勢を保つ少年の姿に、この頃の家庭及び学校での躾教育の素晴らしさを見た。わずか10歳でも、このような凛々しさを持っている。彼に理想の日本人の姿を見た。

この写真一枚から、かつての日本人の精神力の強さが想像できる。

この世代の方々が、この後、敗戦の悲しみを背負いながら、日本を再興の道へと導いていった。

戦後の奇跡的な復興の陰には、類まれなる強い精神力をもった先人の血のにじむような努力があったのだ。

日本の再興のために、国内外において、国民一人ひとりが不平不満を言わず、自分の責任を果たしたからこそ、今の豊かな日本がある。

ウガンダになくて、日本にあるもの。

それは、「強い精神力」に根ざした、「先人のたゆまぬ努力」である。

改めて、先人に感謝するとともに、今の私が後世のためにできることについて、考えさせられた。どんなに困難な状況でも、希望を持ってひたむきに生きた先人を誇りに思う。

祖国を誇りに思う気持ちの大切さ

ウガンダの歴史を学び、それを選手たちに話した。

どの国にもその成り立ちの過程で、先人の努力があることを知ってほしかったからだ。自分たちの国の良いところを知ることは大切なことである。

ウガンダはアフリカの中でも、教育レベルが高い。だから英語ができる人が多い。英語による書物を読み、知識を学ぶことができ、外国人との会話から情報を得ることもできる。教育が普及しているということは素晴らしいことだ。私が選手に与える本も、すべて英語で書かれている。英語ができなければ、私たちの得ている知識はほとんど学ぶことができない。

教育は偉大である。では、なぜウガンダだけが、他のアフリカ諸国に比べて、教育レベルが高いのか？　それは、先人の行っていたレベルの高い統治方法にあった。大航海時代、イギリスがウガンダを統治することとなった。当時、ウガンダは４つの王国で成り立ち、その王様同士の話し合いによって、政治がなされていたという。だから、イギリスはその方法を生かすこととした。ウガンダについては、ケニアのような植民地政策でなく、「保護領」という形で統治されることとなった。

そして、ウガンダの人々が聡明であったことで、ここを東アフリカ統治の中心にすべく、ケンブリッジ大学より教授を招聘し、マケレレ大学を設立し、教育の普及にあたった。

そういった歴史的な背景があり、今のウガンダの教育がある。

他国に比べて犯罪が少なく、ウガンダが平和な国であるのは、教育水準の高さにあるといってもよい。このことを選手に話すと、「初めて聞きました」と言っていた。「お前たちは良い国に生まれて良かったな」と言ったら、皆喜んでいた。自分の国をほめられることは嬉しいことである。ウガンダ人はやはり、ウガンダに生まれたこと、ウガンダ人であることに誇りを持つべきである。自分の国に誇りを持つことができれば、相手の国にも敬意を表することができる。

このウガンダで生まれたことに感謝し、次の世代により良いウガンダを残していく。そんな人間になってほしいという願いをこめて、ウガンダの歴史の話をした。

先人の努力を知ると、今、自分がここに存在していることを嬉しくなる。誇りに思う。

歴史教育を通じて、民族を誇りに思う気持ちを持たせることは、どの国おいても大切である。

日本の持つ可能性の大きさ

最初に選手たちに会ったとき、「夢は何？」と聞いた。
「夢は日本に行くことです」
「どうして？」と聞くと、「コーチが日本人だからです。日本に行ったらたくさんのお金を稼ぐことができます。コーチ、どうやったら日本に行けますか？　教えてください」と尋ねてくる選手たち。

確かに、今住んでいるウガンダという環境を出ることによって、自分の人生を切り拓いていくことも一つの方法かもしれない。しかし、うまくいかないことを、すべて国の貧しさのせいにする彼らを見て、正直「それは逃げていることだ」と思った。

ただ、彼らと活動をする中で、「自分がもしここで生まれていたら、きっと彼らと同じように考えていたかもしれない」と思うようになった。

ここウガンダでは、並の努力では超えることのできない「貧困の壁」があることを知った。私たち日本人の言う「貧困」は、それを解決しようとすれば、たいていは何らかの方法を考えることができる。しかし、ウガンダにおける「貧困」は、解決方法を考えても見つからない類のものが多い。

例えば、「パイロットになりたい」という選手がいる。日本なら、そういったジャンルの本があり、子供でもパイロットになる方法を知ることができる。しかし、ウガンダではそのような本はない。あったとしても高価で手に入らない。ではどうするか？　実際にパイロットに会いに行き、その方法を聞くという方法もある。空港に行けば会うことができるかもしれない。しかし、空港への交通費を工面する必要がある。運よく会えて、方法を聞いたとしても、次はおそらく大学進学の授業料の工面について考えなければならない。親がだめなら、親戚、友人に借りることを考える。裕福な親がいるなら話は別だが、期待はできない。ここまで考えると、いいかげんあきらめたくなってくる。

彼らが、将来のことを考えるのを先延ばしにしているのもよくわかる。考えれば考えるほど、お金の問題がいつもつきまとってくる。「お金がない」ということで、発想は広がりをなくし、思考は停止してしまう。

日本なら、インターネットや本で方法を調べて、勉強して、そのコースに乗ればよいことである。

実際にパイロットに会おうと思えば会うこともできよう。会いに行くまでの交通費に困る日本人は、そうはいないだろう。もし、親の負担がきつければ、奨学金などを利用し、就職後に返済する方法もある。

このように日本という国が豊かだからこそ、自分のやりたいことに最小限の努力で進んでいけるのである。やりたいことへのサポート体制ができているのである。

日本の子供たちが「日本国の持つ可能性の大きさ」を知ったのなら、自ら夢を語り、その実現に向けて挑戦していくことだろう。

心のダイヤと天然のダイヤの違い

私はしばしば、日本で言う「道徳の時間」を練習の中に取り入れた。目には見えない心を磨くことが大切だと考えていたからだ。

人間の持ち物とは何だろう。地球、国、顔、体、金、本、車、家……。これらは、死んでしまったら天国に持って行けないので、持ち物に見えるがそうではない。自分の持ちものは「魂」だけではないかと思う。

私たちが、自分のものと思っている物は、「魂」を磨くための借り物、道具と考えたい。それらは、天国に持って行けないのだから借り物といえる。

私は、自分の魂を磨くことこそ人生の目的だと思っている。物欲に走る人は、人生の目的を知らない人である。

大切なことは「魂を磨くこと」にある。そして、この魂＝心は、しばしばダイヤモンドに例えられる。

天然のダイヤモンドは磨けば磨くほど小さくなるが、一度磨くとその輝きは永遠である。一方、心のダイヤモンドは磨けば磨くほど大きくなるが、磨くことをやめると輝きを失う。だから、毎日磨かねばならない。輝き続けるためには。

では、心のダイヤを磨くにはどうしたらよいか。

方法は「厳しい道を選ぶこと」である。朝早く起きる。時間を守る。勉強をする。掃除をする。ゴミを拾う。服装と礼を正す。自分を厳しくコントロールすることで心のダイヤを磨き、輝かせることができる。

いつも楽な道、自分を甘やかす道を選んでいると、黙っていても心のダイヤに錆がつく。くすんだ色になってしまう。

そしてもう一つ、心のダイヤは、天然のダイヤにない特質を持っている。心のダイヤは、他のダイヤを引きつけ増えていく。輝くダイヤは、同じように輝くダイヤを引き寄せる。くすんだダイヤはくすんだダイヤを引き寄せる。だから、輝くダイヤは、輝くダイヤとともに輝きを増し、くすんだダイヤはくすんだダイヤとともに輝きを失っていく。

人間とはそういうものだ。心のダイヤの輝きによってお互い引き寄せ合っている。

もちろん私たちは皆、素晴らしいダイヤの原石を持っている。しかし、それを磨くか磨かないか、どちらを選ぶかは自分次第だ。自分の人生なのだから。

ウガンダ選手を見て、私は心のダイヤをより一層意識するようになった。

個より公を　～本当の個性とは～

剣道に「守破離」という言葉がある。在来の型を守ること、これが正道であり、「守」である。

我がセントノアの選手は良き習慣を習得し、「守」の段階にある。しかし、あるところまで進むと型にはまりワンパターンに陥る。そこでその型を破る。「破」である。さらに、自分の型を見つけ確立していくのが「離」である。

ウガンダは長い間、イギリスの保護領にあった。植民地的な考え方では、言われたことをやるのが絶対である。だから「守」は、定着までに時間はかかったが、慣れると楽なようである。

次に「破」の段階に入る。「創造する」ということ、「考え、工夫する」という段階である。言われたことをやるだけではなく、自分で何か一つ考え、工夫する姿勢がほしい。そのためにも目標設定を明確にし、24時間考える習慣をつけさせたいと思った。

日本の教育界では、「個を重視する」「自分らしく」「個性を生かした」というなんとも心地よい言葉の下に、「守」もできないのに「破」や「離」を求めるものが後を絶たない。

挨拶ができないことが個性となり、人の話を聞くことができないことも自分らしさとなってしまったら、彼らはいったいどんな人間になるのか？　個性の意味を取り違えている人があまりに多い。

こんな言葉に出逢った。

～真に個性的な条件とは～
①自発性、能動性を持つこと
②過去を背負いながら新しく、未来を切り開き、創造していくこと
③すべての人に共感を与え、誰をも感動させる普遍性を持つこと
④たえず、自らを磨き上げる努力をしていること

個性的であるということは、他者との関わりが大切になる。だから、「茶髪」「だらしない服装や言葉づかい」「校則違反」は、決して個性ではない。個性とは、一朝一夕にできる猿真似ではなく、積み重ねによって創り上げるものなのだ。

戦後約7年間の占領下での日本は、植民地状態であったといえる。その間になされた教育政策が「行き過ぎた個人の重視」、すなわち「公の軽視」である。今ほど、「公」の心を育てなければならないときはない。

なぜならば、「公」＝「世のため人のために生きる」ことで、「個」はその中に没することなく、一層輝き活きてくるからである。

「ならぬことはならぬ」ということが通用する、良き日本の社会にしたい。

本当の格差社会とは

養護学校の教師として働く日本人女性の協力隊員の任地・ナマリイリで、衝撃的な出逢いをする。

12歳の女の子が、90歳の盲目の祖母の面倒を見ながら通学している家庭を訪問した。

両親はすでにいない。祖母の朝ごはんを作り、小学校に通う毎日。下校後は、家事全般と祖母の世話が待っている。ウガンダ政府からの援助は全くないため、収入もない。少しばかりの畑があり、自給自足での生活である。しかし、彼女にはいつも笑顔がある。日本ではありえない状況を「自分のすべきこと」と受け入れ、最善を尽くしている。

そして、彼女には夢もある。

「教師になること」

彼女の小学校の校長先生に聞くと、問題になるのは「授業料」ということである。

現在、政府からの支援がない中で、収入のない彼女が中学校に通える可能性はない。

「夢は叶わない」のである。


自分は、彼女に何をしてあげられるか？　とっさに考えた。

しかし、結論は「何もできない」ということだ。お金や物を一時的に送ったところで、それは同情の混じった自己満足にすぎない。ボランティアに入って助けるという選択もある。しかし、たいていは2年か3年程度の活動だ。一生捧げるなら何かできるとは思うが、そんなことはできない。

今私のすべきことは、彼女の逆境にも負けず、夢を抱き明るく生きる姿を通し、私自身の生き方を見直すことである。この日本という豊かな国に自分が生まれたことに何らかの意味を感じ、そこで自分の人生における使命を果たすことをまじめに考えることだと思う。

彼女をかわいそうと思う前に、夢が実現できる国にいながら、能力を発揮せずにくすぶっている自分をかわいそうと思うべきだ。日本人一人ひとりが、日本に生まれたことを特別のことと思い、命を輝かせることで、日本は輝く。日本が良くなることで、多くの日本の有能な人材が海外で活躍し、発展途上国も良くなっていくものと信じる。

日本が輝くことで、ウガンダも輝きを増すことになると考える。

彼女と出逢った今、日本で言う「格差社会」「努力が報われない社会」は、言い訳にすぎないことがよくわかる。もし、日本という国に対して、そう言っている人がいたら、その人は世界のどこの国でも、不平、不満、文句を言っていることだろう。不平不満一つ言わずに懸命に生きる彼女を尊敬する。

「たとえ、自分が日本の国を支えたとしても、決して国や社会に頼ることはしない」

そんな気概を持った日本人として生きよう、と決意した出逢いだった。

ナイルの流れに学ぶ

セントノア高校のあるジンジャという町には、ナイル川の源流がある。私は毎日、ナイル川を渡り買い物やレストランに行く。ナイルの流れは、ときにはゆっくりと、ときには激しく流れている。

水は多くを教えてくれる。「浄」という字は、「水が争う」と書く。水は自らが争っているから、清いのである。水は、自らの争いをやめ怠惰に走ると濁ってくる。人間も同じである。人生の敵は、自分の弱い心なのである。

妥協し、言い訳したくなる自分の心と争い勝つことで、夢や目標が実現できる。しかし、自らに負ければ、人間も水と同様によどんでくる。

私たちに慰めの言葉を言い、夢の実現をあきらめさせるのは、他ならない自分自身の弱い心なのである。やはり、最大のライバルは自分である。

また水は、横に流れるときは緩い。横に流れているときは、それぞれがバラバラの方向に流れているため、緩くなり濁ってくる。一方、水が縦に流れるとき、つまり高低差があるときは水に勢いがある。エネルギーがある。水はどれも一定方向に流れるため、速く流れていく。水は、清い状態を保っていく。

人間も同じである。目上の人や、上司の話を謙虚に聞いているチームは力がみなぎっている。勢いがある。

上下の関係が秩序正しくできているチームが、競争には強い。

物事もスムーズに運ぶ。良いアイディアも出る。けじめがある。

一方、平等思想に浸り、上下の関係を無視するチームは、どこかまとまりがなく、勢いがなく、腐敗していく。各人が楽な状態を目指すため、けじめがなく、チーム全体が沈滞ムードをつくる。人によって楽な状況が異なるため、チームが一つの方向に動くことができず、勢いが出ない。

やはり、尊敬に根ざした健全な上下関係を構築することが、良い組織づくりには欠かせない。

仲良しグループでは、良いチームにはなれないのだ。

また、川は川幅が狭まると、勢いを増してくる。流れが速くなる。逆に、川幅が広がると、勢いを失う。流れが緩くなる。人間社会における規律や礼節が川幅といえる。

あのメジャーリーグでさえ、ヤンキースなどの一部の名門チームは、選手に対して「長髪やひげ」を禁止している。

チームの置かれている役割が重要であればあるほど、規律も自ずと厳しいものとなるのだろう。規律は、決して選手を縛るものではなく、選手の能力を最大限に発揮させるのに有効なものなのだ。そのことを知っていれば、無用なストレスを感じずに、選手はすべきことに集中できる。

親しき仲にも礼儀あり。親しく、大切だからこそ、職場やチームでは最低限のルールをしっかり守りたい。そのことでより良い人間関係が生まれ、勢いが出てくる。エネルギーが増してくる。

ナイル川の流れに、人間の原理原則を学ぶ。自然の偉大な教えに感謝である。

学校はたまり場ではなく、学び舎である

ウガンダの学校には、アスカリというガードマンが校門に24時間立っている。そこで、服装違反の生徒や、酒やタバコの匂いのする生徒、不要物を持って来た生徒をチェックし、学校から締め出す。特に寮生については、持ち物検査を徹底しており、大きなカバンについては、すべて中身をチェックされてから入寮する。

日本の教育現場では、持ち物検査も、生徒への「プライバシーや人権への配慮」をして、実施することが難しい状況である。ウガンダでは、大人の子供への人権意識が足りないのかと思い、質問をした。

「生徒の教育を受ける権利や人権はどうなるのか？」

アスカリは不思議そうな顔をして答えた。

「コーチ、ここは学校ですよ。生徒は親の期待を背負って学びに来ているのです。服装や生活が学校の規則どおりできない生徒や、不要物を持って来る生徒は、そういった意識が低いのですよ。学校は学び舎なのですから、私たち大人は子供に対して、こ

れを健全に保つ責任があるのです。私は、生徒の学ぶ権利を守るために、自分の仕事に誇りを持ってやっています」

彼の言う通りである。学校は学び舎である。そこで、学ぶ生徒にとってできるだけ最高の環境を教師は与えていかねばならない。規則を破りながら学校に入ろうとする生徒は、学校をたまり場だと思っているのだ。その意識の差が形に出るのが、校則違反である。

特に不要物に関しては、他の生徒の安全を守るためにも、徹底されている。

ここでは、いい加減な生徒の権利よりも、まじめに学びたいと願っている生徒を基準に学校運営がなされている。だから、たとえ校内から締め出されたとしても、学習する権利を主張する生徒はいない。

生徒も親も、規則違反をしていれば、それを主張しても受け入れられないことを知っているからだ。考えてみると、これはごく当たり前のことである。

日本ではいつからか、教育現場で「自由」と「権利」だけを主張し、それに伴う

「義務」と「責任」を放棄する生徒、保護者が増えている。

彼らの言動に惑わされ、本来は学び舎であるはずの学校がたまり場になることがある。

ウガンダの学校教育のシステムは、ハリーポッターの世界、イギリス流である。名門校ほど、男女別学で学び、中高一貫で全寮生の形をとる。女子でさえも、丸坊主が規則に定められている学校も多い。

確かに、規則は厳しいが、日本よりも生徒たちが学問に集中できる環境にあるといえる。

一方、日本の教育現場は、行き過ぎた子供中心主義がはびこっている。

また、少子化に伴い、男女別学から男女共学の流れが主流となっている。生徒はお客様となり、制服をお洒落にして、生徒を募る。学校は学び舎になれるのか？

学校経営が、教育よりも経営を優先している現状がある。これでは、本当の意味で子供に優しいとは言えない。

当初は、違和感のあったアスカリの生徒への態度であったが、今思えば違和感を感じた私の感覚がおかしかったといえる。私も知らず知らずのうちに15年の教師生活で、それが時代の流れで当たり前だと思い込んでいた。しかしこれは、決して世界標準ではないということを知った。

日本の教育を再興させるためのヒントをウガンダに見た。

ウガンダに古き良き日本の姿を見る

ウガンダでは、授業料を納めない生徒は、どんな事情であれ学校に入ることはできない。給食費を払わない生徒は、給食を食べずに昼休みを過ごすこととなる。妥協はない。

この国では、貧乏は当たり前であり、恥ずべきことではない。環境の一部のような捉え方をしている。だから、授業料を払わない生徒は貼り出され、家に戻される。親の貧乏が恥のようになっている日本とは対照的である。

学力についても、良い生徒の名前を廊下に貼り出し、積極的に優秀者を表彰する。勉強ができる生徒は賞賛される。勉強しない怠惰な人間は、就職が全くないからだ。なぜ勉強しなければならないのか？　などと質問してくる生徒はいない。「生活のため」に決まっているからだ。

体罰についても、鞭でびしびしやる。先生の権威がしっかり残っている。親が怒鳴り込んで来ることもない。生徒も生徒で、鞭で打たれた後は、笑っている。ここでは、体罰は悲惨なものではない。それは、規則を破った生徒が負うべき、当たり前の罰なのである。

その光景を見て、きっと戦前・戦後間もない頃の日本もこうだったのだろうと想像した。

私の小さい頃も、教師からの体罰はあった。しかし、今と違って子供が親にそれを言うことはできなかった。親にさらに怒られることになるからだ。私たちの親自身が、戦前の教育を受けた世代に育てられたこともあり、「ならぬものはならぬ」という風潮が教育現場にあったのだろう。

真の教育とは、教師と生徒、親と子供の秩序正しい上下関係を基盤にして成り立つものである。だからウガンダで、もし日本並みの正しい教育を生徒に与えることができれば、日本に比べ、生徒は劇的に伸びると考える。

そんな土壌があったから、私の指導で選手たちが短期間で急成長を遂げたのだ。

子供を育てる豊かな土壌を作っていけば、子供は育っていく。

子供が育つ環境とは

ウガンダ選手たちが、短期間で劇的に伸びた要因の一つに「貧しさ」がある。

高校生は遊びたい盛りである。しかし、夜遊びをするにしても、お金が必要である。たまに抜け出す者もいるが、お金がなければ、それも長く続かない。だから、基本的に学校にいることが、一番お金がかからず、楽しい時間を過ごすことができる。

一週間に一度あるプレミアリーグを一台のテレビの前に集まり、皆でサッカー観戦することが数少ない娯楽である。放課後の時間は、友人と話をするか、勉強をする時間にあてられており、娯楽らしい娯楽はない。だから、私が本を貸し出すと、面白がって読む。野球をやれば、他に楽しみがないだけに、より一層楽しい。

貧しいからこそ、子供がすべきことに集中できる環境が、ウガンダにはある。

貧しいがゆえに、娯楽が少なく、勉強とスポーツだけの環境で彼らは育っている。だから、彼らは脇目もふらず、ただひたむきに夢に向かって走ることができた。

それに比べると日本の子供たちを取り巻く環境は、たいへん厳しいといえる。

ＴＶ、ゲーム、カラオケ、化粧、ファッション、携帯、パソコン等、楽しい娯楽に溢れている。

それを手に入れようと思えば、いとも簡単に手に入る。

これらの娯楽は、食事ではなく、デザートのようなものである。デザートは、子供には食後に食べさせるのが普通であり、食事前にデザートを子供に与える親はいないだろう。それは、デザートでは大事な体が育たないからだ。

しかし、今の日本は、子供に幼少期から娯楽を与え過ぎることで、子供を迷わせ、大切なことに集中できない環境を作っているように思える。幼い子供に多くの娯楽を与えながら、勉強をさせ、スポーツも習い事も頑張らせようとしている。

これは、逆にかわいそうである。

デザートを与えた後に、食事を与え、「たくさん食べなさい」と言っているようなものである。だから、子供は忙しくなり、疲れてしまう。

子供にはまず、人間をつくるべき大切なものを最初に与えるべきである。「早寝早起き」「躾」などの生活習慣は、ご飯にあたる。また読書は、野菜などのおかずと言えよう。

読書の楽しさを知る前に、ＴＶやゲームを与えると、読書嫌いな子になる。おやつの甘さを知った後では、野菜を美味しく感じることができないのと同じである。

大人はまず、子供の成長にとって大切なことを与え、その楽しさを味あわせてから、娯楽を少しずつ与えていくことが望まれる。

現代の子供は、娯楽が多すぎて、逆にすべきことに集中する時間が足りなくなっている。子供にとって今この時期に、何が必要なのか。大人が子供のことを本当に大切に思うなら、子供に娯楽をいくつか捨てさせる覚悟が必要である。

日本は、豊かでものが溢れているゆえに、すべてを与えれば、子供を迷わせてしまうことになる。

やはり、何かを捨てる覚悟が必要である。

子供を育てる環境づくりのために、まず大人が自ら「捨てる覚悟」を持ち、子供に与えるべきものを選んであげることが必要である。

娯楽は少なければ少ないほど、子供はすべきことに集中できる。

これができれば、たとえ日本が豊かであっても、ウガンダのような理想の環境に近づくことはできる。

親が最初の教師である

野球部を指導して、ほぼ部員全員の成績が上がった。心のコップが上を向き、集中力が増したことが要因と考える。

そもそも、ウガンダの教師の授業方法はシンプルである。

教科書の内容を黒板に写すだけである。教師による授業の上手下手はあまり感じない。

だから、教師の授業が良かったからではなく、授業を受ける生徒自身が成長したから、成績が上がったといえる。

「時を守り、場を清め、礼を正す」こと、腰骨を立てて授業を受けることが、素晴らしい効果を収めた。ただし、1名だけは上がらなかった。それがオズボーンである。

学期に1回、ペアレンツデイというものがあり、親が学校を訪問する。ほとんどの生徒が親元を離れており、この日、先生に会い、学校の様子を聞くことが目的である。

選手の親には、担任の教師との懇談後に、部室に来て私と話す時間をとるように伝えた。野球部の活動への理解を深めてほしいからだ。

ほとんどの親は、息子の成長を喜び、感謝の言葉を述べて帰った。

しかし、オズボーンの母だけは、不平を言うために来たようだった。

「息子は、野球部で疲れて勉強が十分にできないため、成績が落ちた」

ものすごい剣幕で不満を話す母親の姿を見て、同じような親が日本にもいたことを思い出した。

「真理は現実のただ中にあり」、森信三先生の言葉を思い出す。

人は目の前の嫌なことは、起こった原因を誰かのせいにしたくなる。しかし、今起こっていることは、偶然でなく、必然であるという。起こるべくして起こっている。良いことも悪いことも。

目をそむけず、自分の問題として捉えたならば、問題は解決され、問題でなく成長への糧と変化する。子供がうまくいかないときに、野球に原因を求め、人のせいにするのは簡単である。しかし、それでは、毎日一所懸命取り組むオズボーンがかわいそうである。

親がコーチを批判している状況では、子供は成長しない。

オズボーンだけ成績が伸びない理由がここにあった。

本当に自分の子供がかわいいと思えば、教師やコーチとの「調和」を求めていくことが大切である。

しかし、私も親という立場に立ってみると、もしかしたら同じことを言うのかもしれない。

教師と親との間で起こる問題は、その多くが「立場の違い」から生じる「意見の違い」にある。学校には学校の立場があり、親には親の立場がある。それを知った上で、冷静に話を聞ける。そんなコーチでありたい。

やはり、なんといっても、親が子供にとって最初の教師である。

親の姿勢が子供の成長に与える影響の大きさを改めて感じた。

第四部　100 年後の日本とウガンダを思う

第四章　ウガンダに必要なもの　日本が失いつつあるもの

自然に生きることの大切さ

自然に生きるというと、何か好き勝手自由に、でたらめという印象がある。しかし、本来自然とは秩序正しいもの、規則正しいものなのだ。太陽は東から昇り、西に沈む。それが秩序であり、自然である。これが、日によって方角が変わるなら不自然であり、大変なことになる。

心臓も一瞬たりとも止まることなく動いている。休んだり動いたりすると不自然なことになり、死に至る。波は、繰り返し同じリズムで戻ってくる。その正確な繰り返しが自然。

やはり人間は、正しいリズムを続ける、つまり自然に沿った生き方をした方が良いようだ。

赤ちゃんが立つときは、腰骨は立っているという。だから、立腰教育も自然である。自然とは、道理にあったものであり、そこから力がみなぎってくる。

選手の中に、毎日朝3時に起きることを続けていた者がいる。睡眠時間が4～5時間と短いが、彼らはほとんど風邪をひかなかった。秩序正しく、起きる時間をコントロールしていたので、体に活力が出てきたのだろう。

私自身も、毎日3時半の起床は正直きつかった。しかし、それを続けることで、2年間、体調を一度も崩すことなく仕事をすることができた。ウガンダのような厳しい環境で仕事をやり続けることができたのは、自然に生きることをしたからである。

夜寝るのが遅くなると、いくら睡眠を多くとっても元気が出ない。遅寝遅起は、不自然である。太陽のように朝早く起きること、自然に生きることが、私たちにとってどれほど良いことかを知った。

また、ウガンダに来て、空腹の素晴らしさを感じることができた。ウガンダでは停電が多い。停電が続くと、調理に時間がかかるので食事を抜くことになる。「ハングリー精神」というが、腹がすくと何か体の動きが良くなり、神経が研ぎ澄まされていく。

考えてみると、断食には胃腸を休ませることができ、また精神修養的な効果がある。

適度な空腹感は、やる気を引き出す。しかし、最近の日本は飽食の時代で、特に子供については、「お腹と背中がくっつく」といった感覚を知らないであろう。腹がすくと間食をとり、空腹の間がない。

食べ過ぎると、動きや神経も鈍る。だから、動物は満腹になることはない。動きが緩慢になり、敵に襲われる恐れがあるからだ。人間に関しても、満腹になるとやる気が落ちる。

「腹八分」とも「腹六分」とも言う。

必要以上に食物をとらないことが、内臓や精神のことを考えると大切である。

自然に生きることを考えると、安定や安楽よりも、不安定や厳しさが自分を強くしてくれることがよくわかる。

なぜ勉強するのか？

ウガンダの都市以外の村には、カヤブキ屋根風で土壁の家が多い。典型的なアフリカの家という感じである。たいへん壊れやすく、日本で言えば縄文時代のものと変わらない。要するに、2000年以上同じタイプの住居に住んでいるということだ。

日本とウガンダのこの大きな違いはなんだろう。きっと最初のスタートは同じだったはずである。しかし、年月が経つにつれ、大きな差になったのだろう。日本の2000年前と変わらないような住居に住み続けるウガンダの人々。

そこに「変化」に対する考え方の違いがある。

季節や食べ物、衣服。日本人にとって、物事が変化することは、当たり前のことであり、変化が大変好きである。だから、変化への対応は上手である。

しかし、ウガンダ人にとって、変化は受け入れがたいものがある。一年を通じて気候、衣服、食べ物。どれもほとんど変わらない。同じものを毎日食べても飽きない。変化への対応が苦手なので、変化を恐れているように見える。

先人からの知識をそのまま使い、そのままの形で後世に伝えているウガンダ。先人からの知識を使い、少し改善した形で後世に伝えている日本。この「もっと良く」の思いの差が、年月が経つにつれ大きな差になっていると感じた。

例えば、ウガンダの祖先は、父から家の作り方を学ぶと、息子はそのまま何の工夫もなく、父から教わったやり方を次の世代に伝える。そうやって、改善されずに伝承されるので、何千年経ったところで技術に進歩はない。

一方、私たち日本人の祖先は違っていたはずだ。父から家の作り方を学ぶと、例えば、息子が屋根の部分を改良して次の世代に伝える。次の世代では、さらに壁の部分を改善した方法を伝える。先祖から受け継いだ知識をもとに、少しだけ改善して次の世代に伝える。

この習慣の継続が、２０００年もすると大きな差になる。まさに、「微差大差」である。

日本人は変化を好む。その特長が、変化＝成長＝進歩につながっている。

「もっと良くならないか？」

そう考え続け、改善し続けた結果が、現在の豊かさにつながっているのだろう。

「なぜ勉強するのか？」。中学校の教師時代に、よく生徒に聞かれた。聞くと、祖父母も親も、勉強をしないでも、国の援助でなんとか食べているから、自分も大丈夫だと思っているらしい。しかし、この考え方が日本国民の主流になったとき、日本は滅びることとなるだろう。

私が思うに、人間は本来進歩すべき存在として生まれてくる。

人間が進歩しなければ、ずっと以前に恐竜のように滅びてしまっただろう。人間は、これからも存在していくために進歩し続ける必要がある。

私たち日本人は、後世に日本を残すために、日本という国をより良く進歩させなければならない。そのために、私たちは先人が命をかけて得た知識という無形の財産を学び、それに知恵を加え改善し、後世により良いものを残していかなければならない。それが、日本で生まれ、義務教育を受けた者の役割であると私は思う。

先人の財産をただで使い、それを減らして、子孫に悪い国を残すようなことをすれば、どこかで日本国、日本人は滅びることになろう。

先祖→自分→子孫の縦の流れを、常に想像することができれば、自分の人生をしっかりと考えることができる。日本人の祖先の方々の日々改善の努力のおかげで、今の日本と自分がある。だからこそ、便利で豊かな社会で生活することができる。

そして、この日本をより良い形にして、次の世代に残していく。そのために今がある。そう考えると、昨日より今日、今日より明日。成長している自分でありたい。

勉強をするのは日本人として、当たり前のことである。

学びは人生を楽しくする

家から20キロ西にあるマビラフォレストへ続く道では、交通事故が多い。道路は単純な直線である。しかし、頻繁に車が横転している。単純な道だから、ついスピードを出し過ぎたり、居眠りをして大事故につながっているという。

道路を人生に例えてみる。人生がマンネリで惰性であれば、必然と無感動なものになってしまう。なんとなく生きている人生は、一見安全そうに見えるが、突然、大きなトラブルに見舞われる可能性もある。

大きな事故を防ぐために、私たちは単純な道路に、あえて緑地帯をおき、ロータリーをつける。道路そのものに変化をつけることで、緊張感を持って運転できる。

この変化、アクセントが人生にとっては学びにあたる。

学びの方法は二つある。一つは良い師匠から気づきを得て、創造的に生きること。もう一つは、読書を通して、世代を超えた師匠との出会いから学ぶことである。

いずれにしても、学び続ける人は、自分の人生に自らアクセント、変化をつけることができる人である。学び続けている人は自ら変化、成長しているので、単純な風景も日々違って見える。

だから、感動の多い人生となる。

人間は、精神や生活が単調になると、惰性に支配され、エネルギー活動が鈍ってくる。学び続ける人は、変化、成長を続けるので、いつも生き生きとしていて、人生が楽しいのだ。

自分の人生を楽しむために、学び続けることは不可欠である。

国の幸せなくして、個人の幸せはない

ウガンダの先生たちは、問題児を転校させたがる。寮での態度が悪ければ、寮から出すだけである。その後、彼らはますます悪くなって転校となる。だから学校は楽になる。各学校が同じことをやるので、吹きだまりのように悪い生徒が集まる学校がで

きる。悪い生徒とは関わりたくない気持ちは一致しているようだ。

しかし、先生たちは、自分たちの子供に対しては違う。やはり、良い成績で学校を出て、良い就職を願うのだ。「せめて自分の子供だけは」の気持ちは強い。

しかし、教師が考えるべきは、自分の子供が生きる「国」の状況である。個人の幸せのためには、社会が、国が健全でなければならない。国が健全でなければ、個人の幸せはない。

これは、ウガンダの周辺国であるジンバブエやケニアを見ればよくわかる。政治が乱れれば、治安が乱れ、国民の生活が困窮する。大統領の一つの判断が国民の生活を左右する。途上国の人は、特に個人の幸せは、国の幸せの上に初めて成り立つものだということを知っている。

私たち日本人も同様である。一人ひとりの国民が、国をより良くしようという考えを持たなければならない。そうでなければ、国が国民を守ってくれない国になっていく。

教師は、自分の子供が幸せになるためには、目の前の生徒を良くしなければならない。決してあきらめずに関わってもらいたい。なぜなら、目の前の生徒は、自分の愛する子供とともに生きるウガンダ国民となるのだから。そんな気持ちで仕事に取り組む教師がいればウガンダも良くなる。

他人の子供を助けることが、将来の社会を良くし、結果として自分の子供を助けることになる。他人の子供を活かすことが、ウガンダの国をより良くし、自分の子供が生きる未来のウガンダ国を輝かせることになる。

ウガンダの教師がそう考えることができれば、目の前の生徒に対する姿勢が変わり、学校が、そして教育が変わる。

さて、一方日本の教育状況はどうだろう？

地域、家庭、学校の教育力も、日本はウガンダに比べ弱すぎる。日本は、大人が地域に住む中学生を注意できない世の中である。学校の先生も、学校においては、細心の注意を払いながら生徒を叱る。叱り方に納得がいかないと、保護者から抗議を受けるからだ。生徒、保護者が権利を主張し、義務を放棄する姿勢がはびこる、まことに厳しい状況である。

しかし私は、こんな状況にもかかわらず、土日昼夜を問わず、生徒の未来のために働く教師を知っている。彼らは、教育界の財産である。そして、このような人材は簡単に育てられるものではない。こういった熱血教師がいる限り、日本の教育は必ず良くなると信じている。

今の日本の教育を考えると、「なぎのヨットの内輪揉め」のような状態である。ヨットのクルーは、海が荒れると一致団結して、それを乗り越えようと努力し、協力する。

しかし、ひとたび困難が去り、なぎが来ると、お互いに批判し合い、喧嘩や揉め事が起こる。学校も親も、現在の日本が置かれている危機的な状況を理解していないばかりに、お互いを批判し合っている。

今、私たちが、教育における本当の危機を正しく認識することができたなら、学校と親が協力し合い、一つの方向に向かって行くことができるだろう。

そのとき、日本の宝、熱血教師の存在が生きてくる。そして、日本の教育は必ず再興できると思う。

未来を想像する力　〜準備の大切さ〜

「準備が8割」という。

成功の成否はその準備にかかっている。自分の将来を想像し、そのために日々の準備をしっかり行う人が、物事を成し遂げる。

選手たちに5年後の自分を想像させる。そうすると全員が同じことを言う。

「大学を卒業して、職を探している」

「どの大学？」と聞くと、「成績次第。できればマケレレかチャンボゴ」というような、どこでもいい感じなのだ。実際、大学へ行くには問題が多すぎる。授業料が高額であること、その後の就職がないこと。就職先がないため、優秀な成績の者以外は職に就けない状況である。

大学も就職先を公表することがないので、どの大学が就職に有利かもわからない。選びようもないのだ。つまり、他に行くところがないから、仕方なしに大学へ行く人間がほとんどである。

日本人からみると、お先真っ暗な未来である。しかし、彼らにはそれが当たり前であり、誰もがそういう感じなので、別段心配していないようだ。

彼らは、「未来を想像する力」を全く使っていないといえる。「ああなりたい」「こうなればいい」「就職したい」と誰もが口にする。しかし、そのためにどんな準備をしたらいいかを想像することはしない。なぜなら、成績以外で就職を決めた人を知らないからだ。

「良い成績＝就職決定の方法」しか知らないし、他のやり方を試そうとしない。やり方がたくさんあることを知らないのは、誰も新しいことに挑戦していないからだろう。やはり、挑戦しないことは思考を停止させることがよくわかる。日本で野茂選手がメジャーリーグに挑戦し、日本のプロ野球選手に可能性を広げたように、ウガンダにもパイオニアが必要である。

先日、練習前に選手がボール探しをやっていた。「感心なこと」と思ったがなんのことはない。ボールをなくしすぎて、足りなくなっているのだ。一事が万事である。

100個ボールがあるとする。これが5個になるまで動かない。なぜか？　気づかないのである。明らかに減っているのに日々気づかずに、困ってから動き始める。

学校の授業料も全く同じである。納入期限が過ぎてから、やっと金を工面し始める。親戚や友人宅に生徒自らが借りに行く。だから、学期始めの1週間～2週間は、ほとんどの生徒が学校に戻ってこないので授業にならない。計画性に欠けた生き方が当たり前である。

一日1球のロスが100日で全部失うことになること。野球を楽しみたいなら、毎日の道具の管理が大切だということ。これは、ビジネスにも通じる。未来に向けて、今準備する。

そんな人間づくりのために、ウガンダ野球がある。

なぜ夢が必要なのか

ウガンダを含め、発展途上国には活気を感じる。人の雰囲気から何か生き生きしたものを感じる。途上国の子供の瞳は輝き、生き生きとしている。それを感じるのは私だけではないだろう。その理由をずっと考えてきた。

先日、ウガンダの北部にあるマーチンソン国立公園、いわゆるサファリパークに行ってきた。４ＷＤの乗用車で、動物の住んでいるところに入っていく。野性の動物たちは生き生きとしていた。日本の動物園とはまるで違う。

自然界は常に生き生きとしているという。なぜ生き生きしているかといえば、例えば鹿が足を悪くしたら、その日のうちに食べられていなくなるからだ。ライオンは走るのが遅くなったら、獲物をとれずに1週間で死ぬ。鷹は目が衰えると、２日くらいで死ぬ。野生動物は50パーセントの余力を残して死ぬという。体が悪くなったり病気をした動物は、すぐに消えてしまうので、自然界では、生き生きとした動物しか残っていないのだ。

なるほど、ウガンダや発展途上国は、自然界に近いといえる。ウガンダでは、人は弱ると死ぬ。特に子供に関しては、5人に1人は5歳までに死んでしまう。生命力のある子供しか生き残れない。自然淘汰される。だから、生きている子供は誰もが輝いている。生き生きとしている。

平均寿命も日本に比べて短い。50歳弱である。少しでも悩んだりし、免疫力が低下したなら、病気や怪我をする。医療施設も万全でないため、死に至ることも多い。いつも明るく生き生きとした人間が、長生きする傾向にあろう。そう考えると、途上国がどこも活気に溢れて、人々が皆明るく笑顔でいるのは理解できる。彼らは、いつも生き生きしていなければならない、厳しい環境に住んでいるからだ。

反対に、動物園で飼われている動物たちは、寿命ぎりぎりまで科学の力で生かされている。

安定した環境にある日本は動物園状態といえる。自ら動かなくても食べることができ、身の安全も保障されている。だから、普通に生きていれば、生き生きしないのは当たり前である。ではどうすれば、生き生きと生きられるだろうか？

例えば日本がウガンダのように貧しくなれば、おそらく日本人は生き生きと生きることができるだろう。

しかし、このような考え方は、豊かな国を作ってくれた先人の努力に対する感謝の気持ちがない。

そこで、私はこう考えた。日本のように安定した環境の中でも、人は生き生きと生きることはできる。ただそのためには、あえて我が身を厳しい環境に置く選択をすることが必要となろう。

日本は、楽な道、安易な道を選ぼうとすれば、それができる社会である。しかしそれでは、動物園の動物になってしまう。この日本であえて自ら進んで厳しい道を選ぶ人間だけが、生き生きと生きることができる。しかし、誰もが好き好んで、厳しい道を選びたくはない。厳しい道を選ぶための理由が必要となる。そこで、生き生きと生きる人にとって、夢を持つことが大切になる。夢の実現のためなら、人は自ら進んで逆境を受け入れることができる。

この事実を多くの人が実感すると、逆境への考え方が感謝に変わる。チャンスに変わる。逆境＝自然界なのだ。逆境が自分を生き生きと輝かせてくれるのである。そのために、私たちはできないことに挑戦し続けることが鍵となる。可能性を広げる努力が必要となる。リスクをあえて取り、夢へと挑戦することが必要となる。

自然界ではリスクは当たり前なのだ。リスクのないところにチャンスはない。リスクが自分を生き生きとさせてくれる。そう信じて挑戦する姿勢こそ、日本という環境で自分を生き生きとさせる秘訣なのだと思う。

ウガンダは、自然環境が勝手に人を生き生きとさせてくれる国である。日本は、自分から逆境に身を置かねば、人間が弱くなってしまう国である。その違いを理解できれば、日本で人を生き生きとさせるために必要なことが見えてくるはずである。

積極的に挑戦し、逆境に感謝できる生き方こそ、人間を強くし、生き生きさせるのである。

大人が尊敬されるために

ある農場に行き、オーナーの女性と話す機会があった。70歳を過ぎた女性オーナーは現在のウガンダを憂いている。

「若い者が老人を馬鹿にしている。尊敬がない。昔は違った」

なるほど、彼女によると最近の若者は雇っても働かないし、注意しても年寄りだから馬鹿にして聞かない。しまいには、家畜を盗んで逃げていく者もいる。農場に入るとき、勝手に入ってくる失礼な人間が多いらしい。

「学校では勉強しか教えない。親は何も言わない。躾を教えてほしい」

何か日本と同じような状況に思えた。それでもまだウガンダは、目上の者に対する礼儀をわきまえている若者が多いと思う。

なぜ大人が尊敬されなくなってきているのか。

確かに、情報のない社会では、経験がすべてである。大人だけ、長老だけが持っている知識こそ、たいへん尊いものだったはずだ。特に文字のない時代は、長老による言い伝えがすべての情報だった。だから、長老が亡くなったとき、図書館一つほどの知識が失われたという。そういった理由で、お年寄りが大切にされたということもあっただろう。

しかし、世界のどこでも誰でも情報が手に入る現在は、経験のない若者でも知識だけは持つことができる。情報といった面では、むしろ年長者は遅れていると馬鹿にされるのかもしれない。

では、若者に尊敬される大人とは、どんな大人なのか？

例えば、教師歴30年のベテラン教師がいたとする。しかし、その全員が尊敬されるわけではない。同じ30年の教師歴でも、1年を30回繰り返した人と、30年という年月を勤め上げた人では中身が全く違う。

同じことを30回繰り返したような人生は、深みがない。

若者から見て、自分と大差なく見える。自分も1年勤めれば、達するレベルであるからだ。しかし、30年勤めた上げた人は圧倒的に違う。

それは、毎年違ったことに挑戦してきたからだ。去年と違ったことを今年は挑戦し、来年さらに新しいことに挑戦する。それを30年積み重ねた人には、ちょっとやそっとでは追いつかない深みを感じる。若者には経験がない。そして、人生の味を知らない。だから不安である。人生の味を知る本物のベテランなら、本物の人生を語ってくれるかもしれない。そう若者に思わせる大人が尊敬されている。誰もが、人生に対して真面目に生きている人を馬鹿にはしない。

自分もそこから学びたいからである。

本気で仕事に、人生に打ち込んでいる大人の存在が、日本でもウガンダでも、子供にとって必要である。ただ、若者が年長者を馬鹿にし、話を聞かない態度は、自分にとってマイナスになるということを真剣に考えたい。松下幸之助氏はこう言っている。

「人の話を真剣に聞かないことは、自分の人生を自ら閉ざしていることと同じである」

やはりどこの国でも、年長者を敬い、年長者から学ぶ姿勢が大切である。

日本でもふと周りを見回してみると、素敵な年長者がいる。

毎朝、毎夕、小学生の交通安全のために、道路に立たれているスクールガードの方々。未来の日本を担う子供たちの命を、温かく守っている。報酬は、子供たちの元気な挨拶と明るい笑顔だという。

また、公園をいつもきれいにしてくれる地域の方々もいる。子供たちが美しい環境で遊べるように気配りされている。これが、まさしく「日本人らしさ」である。

このような素敵な方々の存在に、私たちが気づき、子供たちに気づかせれば、自然とお年寄りへの尊敬や感謝の念が湧いてくる。

「最近の子供は……」という前に、まず私たち自身が大切なことに気づく人間でありたい。

支援物資に見る心の姿

私の親類から選手たちに衣服が届けられた。

洗濯がしっかりなされ、きれいにアイロンがかけられている。その衣服の中に「日本人の美しき心」を見た。相手が喜ぶことを考える。「おもいやり」の心がそこにはある。送ればいい、ではない。そういったおもいやりのある贈りものこそ、選手にとって本当に必要なものだと思う。それを見て、選手は感じ、真似をする。日本人の素晴らしい精神を説明する良い機会となった。

その相手の喜ぶ姿を想像する力が、ビジネスにおいてはサービスの概念につながる。

ここウガンダではサービスという概念がない。店員が客に対してサービスすることは、店員にとって損であるという気持ちがある。

「笑顔」「挨拶」「迅速」「御礼」

これらは、やってもやらなくても、商品が売れたらそれでいいと考える。

「サービス」＝「利益」に直結することが理解できない。利益は商品からのみ得られると考えている。「与える」ことで「返ってくる」ことを知らない。

「相手のことをおもいやる」

この気持ちが習慣になると、サービスの大切さもわかることになろう。トイレを使うのでも「次の人のために」と想像できれば、きれいに使うことができるし、汚したら次の人のために掃除をする。そういったおもいやりの心の積み重ねが、社会、国をより住みやすいものにしていくことだろう。

支援物資を見ると、送り主の「心」が見える。

グローブを油でしっかり手入れをして、あたかも「今まで使わせていただき、ありがとう」と、役目を終えたグローブに感謝をしつつ送ってくる人。短い鉛筆でもキャップをつけて、折れないように、使いやすいように配慮して送る人。頭が下がる。素晴らしい。

そうかと思えば、壊れたグローブを汚いまま送る人、折れた鉛筆を捨てるように送る人もいる。

人それぞれといえばそうだが、違いはやはり親の姿勢にあると思う。子供が送る段階で見てあげるべきだろう。そして教えてあげる。注意してあげる。「相手のことを考えるように」、その一言でよい。あとはどうすればよいかわかるだろう。そして、自分が使ったものに対する感謝の気持ちを確認する。ウガンダに物資を送るという行為において、子供は多くの学びを得ることになる。

人や物に対する「感謝の心」と「おもいやりの心」こそ、日本人が世界に秀でている理由の一つである。この日本人の持つ美しき習慣を大切にしていきたいと、いつも考える。

「建て直し」は「縦直し」から始まる

平成20年3月23日。祖母が亡くなった。98歳。大往生である。彼女は明治、大正、昭和、平成と4つの時代を生きぬいた。

ウガンダに来てから、特に明治、大正、昭和について学び始めた。「なぜ日本は豊かなのか」「日本人は、なぜ素晴らしいのか」。異国に来て日本流を貫くためにも、そのことを知りたかった。

戦前を生き、今の世代と違う教育を受けてきた祖母の世代は、生き字引のようなものである。今なら、祖母に戦前の生活について、たくさんの質問をしただろう。これまでしたことがなかったのは、やはり明治時代以降の歴史教育を、学校で正しく受けてこなかったことが原因だと思う。

自国の歴史について、世代を超えて話し合わない＝タブーになってしまった不思議な国、戦後の日本。お年寄りの生きた時代を知らなければ、彼らを尊敬しない若者が増えるのも当然である。

私もその一人であったと思う。親に怒られたときだけ祖母を頼り、都合が悪くなると「考え方が古い」などと言っていた。今考えると、上の世代の考え方が古いのは当たり前である。生きる時代が違うのだから。

ただ、世代は違えども、考え方に「変えてよいもの」と「変えてはいけないもの」があることを忘れてはいけない。

着物は「縦糸」と「横糸」からできている。縦糸は、表面には出てこないものであるが、重要である。これは、絶対に変えてはいけないもの。いわゆる日本人の日本人たる根本＝伝統精神である。

横糸は表面に出てくるもの。模様や柄である。これは、時代の変化によって変えていいものである。時代によって変わるもの、ファッションや職業などもこれに入る。

明治の人間と平成の人間も、この縦糸の部分＝日本人の根本・伝統精神は本来同じでなければならない。しかし、戦後教育において、この変えてはいけない縦糸の部分＝伝統精神を変えてしまった。戦前の教育、戦前の考え方をすべて否定してしまった。それに伴い、大家族から核家族へ変化し、お年寄りとの対話の機会は当然減ってしまう。

今、私たちは、戦前の教育を受けた世代から多くを学ぶ必要がある。なぜなら「明治の女」である祖母は、私よりも人間として強く、しっかりとしていたからだ。そこにあるのは、やはり教育の差だと考える。そして、戦後の貧しい中、復興を支え、豊かな日本の礎を築いたのは、戦前の教育を受けた世代の方々であった。努力、勤勉、刻苦勉励をモットーとし、教育勅語で育った世代である。

お年寄りとの会話に、現代の教育の病を改善するヒントがある。

祖母に学んだことは、必ず次の世代に伝える。それが私の使命である。本当に感謝している。

祖母の冥福を祈る。

第五章　１００年後に残したいもの

自分の人生は自分だけのものではない　～自分の生き方が子孫へ継がれる～

朝5時からの読書、6時前からの校内清掃。

これが彼らの「当たり前」の姿になりつつある。ただ、一般生徒、教師の姿勢は変わらない。ゴミ箱が2倍の数に増えたにもかかわらず、そこにゴミを入れず、その場に捨てる。この悪しき習慣はどこからくるのか。どうして日本人はそうしないのか？

それについてずっと考えてきた。

当然だが、私たち日本人の持つ習慣は一朝一夕にできたものではない。先祖からの2000年以上の正しい習慣の積み重ねによって、特別な能力が身についたように思える。それが時間厳守、整理整頓、心づかい、おもてなしの心の源のような気がする。

日本人の良き伝統精神は、他に類をみないほど素晴らしい。

今、ウガンダ選手の実践している正しい習慣も、子孫に遺伝するのではないか。何かを本当に変えるには3世代、100年はかかるという。今彼らとともに取り組んでいることは、100年後の彼らの子孫に現れてくる。そう思うと、今やっていることに大きな意味がある。周囲のウガンダ人の姿はさておき、せめて野球選手だけでもと思い、指導に一層力が入る。

先祖の努力が、その子孫の繁栄につながる。例えば、あのオバマ氏の先祖が、何も努力をしていなければ、その子孫があのようにアメリカ大統領になることはないだろう。先祖の誰かが努力し、教育を子供に受けさせ、その精神を遺伝子として子孫に受け継がせた。先祖が、他の人と同じことをしていたら、子孫が優れていくことはない。

先祖のたゆまぬ努力があって、自分の夢が実現する。

そう考えると自分の人生は自分だけのものでなく、先祖のものであり、子孫のものでもあるのだ。自分のためだけでなく、次の世代のためにも、自分の人生を完全燃焼しなければならない。

「命のリレー」は、「精神のリレー」である。

自分が、先祖の恩にどう報い、子孫に何を残すことができるのか。

それは、自分の生き方次第である。人生の大切さがここにある。

私たちが受け継いでいる偉大なもの

【美しい空間作り】

練習前のグラウンド。グローブやバットが、きれいにまっすぐ並べられている。カバン、靴を一列に揃え、服をきれいにたたみ、練習が始まる。どこか、まっすぐ物を並べると、心が引き締まる感じがする。

「場を清めること」で美しい空間を作ることは、練習の精度を上げる効果があるようだ。

ある会社では、タコ糸を使い、机、椅子をまっすぐ並べ、会議の準備をするという。資料もまっすぐに並べると、自然と空間に厳かさが出てくる。会議は自ずと緊張感を持って行われることとなる。

美しい空間は、人の心を引き締め、集中力を高めてくれる。やはり、掃除をすることと、整理整頓をすることは大切である。ぐちゃぐちゃした空間では、最高のパフォーマンスは望めない。

まっすぐ並べることには、もう一つ効果がある。

ウガンダでは、部屋の壁などに貼ってあるポスターや額縁は、そのほとんどが曲がっている。天井と平行に貼られてはいない。人々は、そのことに無頓着であり、気にするそぶりもない。

選手に野球部通信を貼るように頼んでも、面白いようにまっすぐ貼れない。

まっすぐに並べることの必要性を感じていないようだ。しかし、この習慣の違いが、図形認識能力の違いを生んでいるように思える。彼らの平行と私たちのそれとは違うようである。

そのせいだと思うが、ウガンダの校内の机の脚の長さはどれも微妙に違う。4本の足がピタッと同じ長さになっていて、ガタガタしない机や椅子は見たことがない。

思えば、日本はそもそも「ものづくりの国」であり、「職人の国」である。

古来より、日本では職人が高く評価されていた。

私たちの祖先が素晴らしい建築物を残していること、今もなお、世界最高の精密機械、自動車を作っていることを考えると、私たちの持つ図形認識能力に負うところが大きいのだろう。

私たちの整理整頓の美しき習慣、まっすぐの精神が、ものづくりの国・日本を支えている。

職人の国は、日本の伝統の精神から生まれているのだ。

【理数の力】

日々、彼らと接する中で、良い悪いではなく、ウガンダ人と日本人との決定的な違いを感じざるを得なかった。そして、その違いの原因について、いつも考えていた。

その顕著なものに、数学の力を挙げたい。

日本なら文系の大学を出た人でも、こちらの数学の先生よりも数学ができる。選手の中に医学部志望の生徒がいるが、三桁の足し算を暗算でできない。電卓を貸してくれといってくる。発展途上国はどこも、理数の力が弱いようだ。なぜだろう。

その原因は、その民族の歴史によるものが大きいと思う。数学は連続性が大切だといわれている。不幸なことに、彼らには約５００年におよぶ植民地の時代があった。彼らの祖先は、その時代に教育が断絶された。奴隷に教育をつけさせないことが、植民地政策であるからだ。

約15代も数学を学べなかった家系であれば、数学的センスが備わっているとは言い難い。

一方、私たち日本人は、教育の断絶の時代がない。何世代も教育が継続してきた。先人の血のにじむ努力で、植民地の危機を防いできた。江戸時代の頃、世界でもトップレベルの数学力があったと言われる日本人。その遺伝子が私たちに受け継がれているのだろう。ウガンダの子供たちも努力している。しかし、数学力の差は、今の世代の努力の差ではなく、むしろ先祖の努力の差だと言えよう。

だから、ウガンダ人は理系よりも文系が多い。しかし、国を発展させていこうとするためには、「理系的思考」が必要となる。「より良いものを作り出そう」「改善しよう」という考え方は、理科や数学によって養われると思う。

数学では、考え方を学ぶ。答えにたどり着くために、たくさんの解決方法がある。その論理的思考を学ぶ。同じ失敗を繰り返さない思考の源はここにある。

しかし、ウガンダの数学は答えを求めることを重視する。だから、理系人間であっても、一通りの方法しか考えつかない。数学という学問が、ただ答えを出し、点数をとることが目的となっているからだ。

理系人間は、国を発展させるため、あるいは「ものづくり」のためには欠かせないのである。途上国が豊かになるためには、古いものを新しくしていこうとする「理系的思考」が必要なのである。

しかしこれは、一朝一夕では身につけることができない。

私たちの中に、すでに祖先からの素晴らしい財産があるということも、日本が豊かな国になった要因の一つといえる。


【味覚】


味覚についても、日本人は実に繊細な舌を持っている。

ウガンダ人は、紅茶にスプーン5杯くらいの砂糖を入れて飲む。最初はその味覚に驚いた。

考えれば、私たち日本人は、紅茶の苦さを味わうことができる。しかし、ウガンダ人が苦さを美味しいと感じられないなら、大量の砂糖を入れることも理解できる。

味覚は、赤ん坊のときは甘さを感じ、発達に応じて渋み、苦味が美味しいと感じられるようになる。お茶や人間についても同じである。甘いよりも、渋み、苦味がわかる人が成熟している。

渋み、苦味がわかるのが日本人である。日本人のシェフがフランスの三ツ星レストランを経営できるのは、日本人の味覚の素晴らしさがなせる業であろう。

目一代、耳二代、舌三代という言葉がある。美しいものを見分ける目は、自分の感性や努力で成し遂げることができる。しかし、良い音を聞き分けるには、当人の努力もさることながら、親からのサポートや遺伝的な部分が欠かせない。

そして本物の美味しさを感じられる舌は、さらに一代前の祖父母の代からの膨大な味の積み重ねがないと完成しないという。

私たちの先人がコツコツと積み重ねてきた目に見えない財産が、日本人のＤＮＡとなって今もなお、私たちの中にあることを忘れてはいけないし、感謝しなければならない。

【文字を持つことの素晴らしさ】

アフリカ諸国で独自の文字を持つ国は、エチオピアだけである。アムハラ文字という、アフリカの中では、エチオピア人は誇り高き民族だと言われる。

エチオピアは、アフリカの国では唯一長期の植民地になっていない。わずか５年間、イタリアに侵攻されたときを除いて、独立を貫いてきた。やはり、文字の発明は、文明の発展に大きく関わっている。

人類が地球上に現れてから数万年か、数十万年の間は、文明の進歩は微々たるものだった。数千年前、エジプト・メソポタミア・中国などの地域で「文字」という手段を持ってから、文明は急速に進み始めた。さらに中世に紙や印刷技術が発明されると、さらにそのスピードが加速されていったという。文字の発明によって、先人の知識の伝達が容易になり、自らの考えも鮮明になり、イメージできるようになった。文字を持つ国と、持たない国の文明の発達の違いははっきりとしていた。

日本は、古くから文字を取り入れ、独自に工夫をし、創り出していった。その先人の知恵が、現代の発展の源になっている。

私は、日本人として文字を持っていることを誇りに思う。

そして、この文字をいつまでも大切に後世に語り継ぎたい。エチオピア人を見て学んだ。

第五部

日本における私の使命

第一章　ウガンダでの2年間は私に何を残したのか

彼らから気づかされた2年間　～送別会に思う～

今日で私のウガンダでの仕事が終わる。

この2年間で、自分自身の考え方が180度変わった。目の前に背筋を伸ばして座っているウガンダジェントルマンたちを見て、出逢った頃のことを思い出した。

「躾は体に教え、教育は心を育てる」という。

「時を守り、場を清め、礼を正す」

躾を徹底させていく中で、彼らの心が育っていった。

「良い型」には、「良い心」が宿るのである。

この原則は人間にとっての原理原則だということを知った。人種は関係ない。

心が育たなければ、教育ではない。そして私自身も、彼らとともに、自分を鍛えた2年間であった。私の心も大きく変化していった。やはり、最良の教育は、自分が自分に与える教育なのだと実感した。

この学びは、ここウガンダで、彼らと出逢わなければ学べないことだった。

「私は日本を良くするために生きる。そして君たちは、ウガンダを良くするために生きてほしい。私はウガンダで、君たちのようなジェントルマンに会えたことを誇りに思う。それぞれの国で、人生のチャンピオンになろう」

これが私の最後のスピーチだった。

「教育は、心を引き出し、育て、我をとることが主体である」という。

教育の語源 educate は、「引き出す、掘り起こす」という意味である。一人ひとりの持つ能力を引き出す、掘り起こすことが教育。決して、与えることだけではない。引き出すために与えるのだ。

私は、ウガンダ選手によって、自らの持つ日本人という素晴らしい財産に気づかせてもらった。

「我をとる」ということは、他人を認めるということである。

日本人であるということに誇りを持つことで、ウガンダ人を認め、尊重することができた。

そして、選手とともに夢を追う中で、「一人では大きな夢は叶わない」という当たり前のことを学ぶことができた。「我が強い」自分に気づくことができた。今スタートラインに立つことができた。

これからが始まりである。２年間ありがとう。素晴らしい出逢いに感謝する。

未来は過去を変えられる

「人間は一生のうち、会うべき人には必ず会える。しかも一瞬早すぎず、一瞬遅すぎないときに」

セントノアのウガンダ選手に出逢ったことから奇跡が始まった。だから、この出逢いは偶然ではなく、必然と考える。

そもそも私はウガンダを希望して来たわけではない。受験をしたときはニカラグアという国であり、それも不合格だったので、ご縁があってウガンダとなっただけである。そこに私の意志も希望も入っていない。

また、当初の任地はジンジャでなく、首都カンパラであった。そこで、一つの野球チームとナショナルチームを指導するという仕事に就くことになっており、北京五輪を目標に計画を立ててきていた。それが野球協会からの要請で、突然私の任地が変更される。事前の準備もしてきたため、正直残念であった。

野球協会は当初、ジンジャSSという学校に私の受け入れを打診した。しかし、学校長が拒否したため、セントノアセカンダリーへの赴任が決まった。

こうして私は、首都から約80キロ東にあるジンジャという町の学校に赴任することとなり、そこで彼らウガンダジェントルマンと出逢うこととなる。またも、そこに私の意志も希望も入る余地はなかった。

そもそも、人生の出逢いとはこのようなものなのかもしれない。

人生に無駄なことはないと思う。人は思い通りにことが進まないと、それを失敗と思いがちである。しかし、それを失敗とするか、成功のための糧とするかは、その後の態度次第である。

協力隊を受験し、落ちるたびに失敗ととらえ、落ち込んでいた。なぜなら、できるだけ若いうちに海外に出ることが、私の願いだったからだ。しかし実際は、7回の不合格の過程で多くを学ぶことができ、人間的に成長し、たくさんの出逢いがあった。38歳の挑戦だったからこそ、若い頃とは違い、最初から信念を強く持って活動できた。

今思えば、「7回落ちて良かった」といえる。

そのときは、とてもそんなことは思えなかった。

しかし、2年の活動を終え、挑戦を続けることで、過去の失敗と思っていたことを、成功のための糧に変えることができるということを実感できる。

「未来は過去を変えることができる」

もちろん過去の事実は変えることはできない。しかし、今を変え、未来を変えることで、過去の失敗を違った目で見つめることができる。過去の失敗を無駄なものでなく、成功のための意味あるものに変えることができるのだ。まさしくオセロゲームのように、黒いものを白に変えることができる。

やはり人生で起こることすべてに意味がある。

第二章　今改めて思う、「大切なことは足下にあった」

当たり前基準を世界標準にするために

ウガンダ国際交流で、未来を豊かにする指針として作られたものに、「当たり前基準十カ条」がある。

一、自分から挨拶していますか？
一、「ありがとう」って言えますか？
一、素直に「ごめんなさい」って言えますか？
一、時間を守れますか？
一、人の話を聞けますか？

一、人をほめてあげられますか？
一、おもいやりをもって人と接していますか？
一、目の前のゴミを拾えますか？
一、整理整頓できていますか？
一、あなたは夢を持っていますか？

ウガンダ交流は、日本人にとっては「当たり前であるが、大切なこと」を、振り返る絶好の機会となった。「和を重んじる」文化を持つ日本人には、世界に誇れる高い道徳心がある。

日本人にとっての「当たり前基準」が向上することで、日本がより過ごしやすい国になる。一人ひとりが幸せになる。誰かが夢を叶えるためにも、「当たり前のこと」を「当たり前にできること」が必要となる。「小事軽んずべからず」である。

私たちセントノア野球部でも、この「当たり前基準」を校内で徹底して実践した。そして、夢が次々と叶っていった。これを広めたい。誰もがそう思った。

しかし、ここで一つだけ問題があった。

素直に「ごめんなさい」って言えますか？　の項目である。

今でこそ野球部内では、失敗を認め合い、高め合うために、「ごめんなさい」を使うことができるようになった。しかし、当初は難しかった。お互いのミスを責め合う部員たちを叱ることがたびたびあった。

ウガンダの文化では、「謝罪」は時として「賠償」につながるため、日本人のように気軽には言えないのだ。日本人同士では、たとえ意見が食い違ったとしても、「ごめんなさい」の一言があれば、相手も一歩下がり、譲歩してくれる。相手の追及も、謝罪があれば弱まるという利益もある。しかし海外では、「謝罪」はさらなる追及を生む。決して解決には至らない。

だから選手たちも、野球部の外では、「ごめんなさい」を使わないようにしていたと思う。内と外で使い分ける必要があった。セントノアの当たり前は、ウガンダでは特別であり、通用しない常識なのだ。

だから、海外で相手が謝らないからといって怒りを覚えるのはおかしい。

また、問題を解決しようとして「ごめんなさい」を簡単に言うのもどうかと思う。お互いの違いを理解しなければ、不平不満が積もっていく。グローバル化が進み、日本人も外国人と接する場面が多くなっている。

相手に対して、日本人同士のように振る舞い、「謝罪」をすることで「損害」を被っている現在の日本人。私たちの誇る美しき習慣が、使う相手を間違えることで、逆に私たちを苦しめている。

それが、私たちの「当たり前基準」を低下させている原因かもしれない。

その典型が、学校におけるトラブルに見られる。保護者が学校の責任を追及する。学校も責任を認めない。昔なら、教師や学校が謝れば、保護者も「いや私の子も悪かった」で済んでいた問題も訴訟になってしまう。学校現場でさえも、謝罪=賠償になるので、容易に謝ることができない社会となっているのだ。

なんとも日本人らしくない社会となっている。

日本人の当たり前基準は素晴らしい。そう実感するためにも、まず、日本人同士で今一度、この良き習慣「当たり前基準」を大切にし、より良い社会を作っていくことが必要となる。

日本人の持つ美しき伝統習慣を守り、日本をより素晴らしい国にしたい。そのために、今一度、日本人同士の触れ合いの中でその良さを確認し合い、大切に育んでいかねばならない。

世界に誇れるこの美しき習慣の価値を日本人自らが知り、心から愛するならば、いつか必ず世界が認める日が来るだろう。その時、当たり前基準が世界標準になる。

野球とベースボールの違い

ウガンダには、年に1回アメリカメジャーリーグからコーチが来て、野球講習会を行う。野球の普及のために、アフリカ各国を巡回している。さすが、野球の母国である。素晴らしいと思う。元メジャーの選手やコーチが来て、指導する。

彼らを見て、技術論はさておき、野球とベースボールの違いを痛感した。

バットやグローブは平気で投げる。ボールを足で動かす。グラウンドに唾を吐く。日本の野球ではありえないことをする。

道具を大切に扱うという精神は、ベースボールには全くないようだ。

「なぜ日本の野球は、道具を大切にするのだろうか」

私は、日本の野球は「武士道精神」に根ざしていると考える。

武士にとっての道具は「刀」である。武士は刀を道具とは思わず「命」と考えていた。寝るときも肌身離さず、いつもそばに置いていた。もちろん手入れは怠らない。自分の命なのだから。

ベースボールにとっては道具にすぎないバットやグローブも、野球にとっては、単なる道具ではなく「命」なのである。日本人メジャーリーガーが、自分の道具を丁寧に手入れする姿に「サムライ」を見る。考えてみれば、野球に限らず、日本人は道具を大切にする。

大工さんが鋸《のこぎり》を、料理人が包丁を大切にするように、一流になればなるほど道具を丁寧に扱う。

やはり底に流れているのが、「武士道精神」だと思う。

私がウガンダで教えたのは、「ベースボール」ではなく「野球」であった。

日本の野球を誇りに思う。

違いを知ることが国際理解

ウガンダでの2年間では、毎日、自分を日本人だと意識して生きていた。そして、いつも自分の中には、頭の先からつま先まで、日本人のＤＮＡが入っていることを感じていた。

「身土不二」という言葉がある。「生まれ育った土地で採れたものを食べるのが一番良い」という意味である。

ウガンダは、肥沃な土壌を持ち、日本で採れる野菜のほとんどが手に入る。しかし、日本で採れたものの方が、私の体に必要な栄養素が入っているような気がする。

逆に、ウガンダ人にとっては、日本で採れたものよりも、ウガンダ産のものが体に良いのだろう。

食べ物はやはり、その人の精神にまで影響を与えるのだろう。ウガンダ料理を食べるたびに「これではエネルギーが湧いてこない」と感じる日本人の自分がいた。

生活習慣は、自然に近い形で生活することが体に良いことを知った。太陽とともに暮らす早寝早起きのリズムが、農耕民族である日本人には適している。

私が指導した選手たちもほとんどは、農耕民族のブガンダ族であった。穏やかな気質やチームワークを重んじる精神は、どこか日本人と共通する部分があったと思う。

年間を通して雨が多く、ナイル川の豊富な水源を持ち、緑が多いウガンダ。日本と同様に、たいへん恵まれた環境で育った彼らだからこそ、日本人である私の言うことを理解できたのかもしれない。

祖先から受け継がれた体質、ものの考え方は、１００年やそこらでは変えられない。

ウガンダの家は、セキュリティーが厳重である。鍵を4個も5個も付け、窓ガラスには必ず鉄柵が付いている。最初は、牢獄に住んでいる気がした。そこまでしなくても良いのではないか？　とも思った。これも大陸国家であるウガンダと海洋国家の日本の違いなのだろうか。

日本人のような海洋民族は、海が外敵の防波堤となり、国防意識も乏しく、孤立した海の楽園を楽しむ平和国家が多い。「島国家」である台湾、フィリピン、インドネシア、パラオがそれである。自ずと平和性、寛容性、調和性の文化を育んでいる。

一方、大陸国家は、自然と国防意識が高くなり、安全への備えをしっかりしなければならないという意識が高い。住んでいる環境によって、考え方が違うのだ。当たり前の話ではあるが、皆同じではないのだ。

どちらが良い悪いではなく、環境面や歴史的観点から生まれる、それぞれの国における「違い」を知ることこそ、真の国際理解だと思う。

使命について

28歳のとき、生徒に夢を語ることができる教師になりたくて、「野球で国際貢献する」という夢を持った。海外に飛び出せば、何か自分にとって新しいものが見つかると信じていた。

しかし、私がウガンダで見つけたことは、「大切なものは、足元にある」ということだった。

ウガンダでの活動を通じて、いつも感じていたのが、「日本という国の素晴らしさ」「日本人であることの誇り」であった。

日本に生まれ、日本の国籍を持ちながら、良き伝統精神の大切さも知らずにいた自分を知る。ウガンダでの2年間は、私が「本物の日本人」に近づくために、日本という国を学ぶために必要な時間であった。

今まで私が日本で享受して来た恩恵は、世界の多くの人にとっては当たり前ではなく、特別なことであるということ。また、その特別な恩恵は、私たちの祖先の血のにじむ努力の継続によって培われたものであるということ。これを知り、我が身の生き方を見つめ直すことができた。

「私はなぜこの平和な時代に、日本という国に、日本人として生まれたのか？」

森信三先生は言われた。

「われわれ人間のこの世における第一の任務は、何ゆえ自分は、この地上に出現せしめられたのかを明らかにすることではないか」

「自分は何のために生まれてきたのか？」

日本で考えたことのないことを毎日考えていた。また、先生はこうも言われた。

「みなそれぞれに天の封書をいただいているが、一生開かずに終わる人もある」

天の手紙でなく、天の封書である。封書となると、その人しか開けられない。尊く、重々しい感じがする。

私の封書には、どんな使命が書かれているのか？

私は、それを知るために、ウガンダに来たのかもしれない。

自分の場所を照らす

ウガンダに来て、道行くウガンダ人によく言われた。「チャイナ（中国人）か？」「いや、日本人だ」と言うと、「日本人はトヨタみたいな良い車を作るから凄い」と話しかけてくる。

私が、「その通り。日本人は凄い」と答えると、「その通りだ」と返ってくる。そして、「俺のために車一台作ってくれ」と言ってくる。「できない」と断ると、「日本人だからできるだろ？」と聞いてくる。「何を考えているのだ？　ウガンダ人は」と思っていた。

別のところでまた中国人かと聞かれる。日本人だと答えると、「俺のためにテレビを作ってくれ」と頼んでくる。「できない」と答えると、「日本人なのにできないのか」と不思議そうに言ってくる。

彼らは、「日本人は何でも作れる」と信じている。そして、ものづくりだけでなく、農業・建設の分野でも、日本人であれば素晴らしい知恵を持っていると思って質問してくる。

私は、その質問に何一つ答えることはできなかった。つまり、私は彼らが求めるものを何一つ持っていない日本人だった。それでもウガンダでの2年間、日本人であるというだけで尊敬された。

これは、私の資質が高いわけでなく、他の日本人がそれぞれの分野で世界一流の技術を持っているからだ。一人ひとりの日本人が、オリンピックのメダリスト級のレベルにあるといってよい。

私たち日本人は、どの分野においても工夫と改善を行い、世界トップレベルにある。そのおかげで私は尊敬を受け、誇りを持って仕事をさせていただけた。

私は、一人の日本人として、ものづくりができない代わりに「人づくり」で世界一を目指したい。「日本の教育は世界一」と言われ、他の国から真似される国にしたい。そして、自分にしかできない役割の中で、一人の日本人として良い生き方をしたいと思った。

安岡正篤先生の言葉がある。

一燈照隅　万燈照国
内外の状況を深思しましょう。
このままで、往けば、日本は自滅するほかはありません。
我々はこれをどうすることもできないのでしょうか。
我々が何もしなければ、誰がどうしてくれましょうか。
我々が何とかするほか無いのです。我々は日本を変えることができます。
暗黒を嘆くより、一燈をつけましょう。
我々はまず我々の周囲の暗を照す一燈になりましょう。
手の届く限り、至るところに燈明を供えましょう。
一人一燈なれば、万人万燈です。
日本はたちまち明るくなりましょう。これ我々の万燈行であります。
互に真剣にこの世直し行を励もうではありませんか。

※「照心語録」安岡正篤（致知出版）

私たちは、何か役割があって、この日本に生まれてきたのだろう。日本に生まれただけで奇跡であり、日本は世界一夢を叶えることができる国である。夢は、どこか遠くにあるものではない。自分の足元を深く掘り下げていけば、見つかるものである。

出逢う人、出逢う出来事すべてに意味がある。縁とは育てるものである。恵まれるだけじゃなく、それを自ら育てていく努力をしなければならない。

だからこそ、目の前の人を喜ばせ、目の前のことに本気で取り組むことで、縁が育ち、夢が、道が見えてくる。もし、本気になれないときは、日本人らしく日本人として当たり前のことを大切にすればよいのである。私たちの受け継がれた遺伝子の中に、本気の源があるのだ。

日本人のＤＮＡが、私たちに力を与えてくれる。

一人ひとりの日本人が、私たちの忘れかけている大切な伝統精神を取り戻し、１００年後の日本のために、自分の場所を照らすことができれば、日本は輝き続けることができる。

私は、まだ見ぬ子孫のために、より良い日本を残すために、まず私自身が「本物の日本人」を目指していく。ウガンダジェントルマンたちは１００年後のウガンダのために生きる。

それが、私が彼らと誓った約束である。

あとがき

野口英世が、上京する際に、実家の柱に彫った言葉がある。

「志を得ざれば、再び此の地を踏まず」

医者になれなかったら、実家に帰ってくることはない。悲壮な決意で書かれたものである。

「ウガンダで何かをつかんでこなければ、帰る場所はない」

私も同じ思いで、ウガンダへと旅立った。

ウガンダで、日本人らしく生きることで、夢が叶った。日本人の美しき習慣の大切さをウガンダで知った。そして、人のために喜んで動く人々の熱い思い、「他喜力」が起こす奇跡を数多く経験した。

もし神様という存在があるならば、そういった目に見えない力に支えられた2年間の活動であったといえる。日本を離れ、初めて日本の良さを知り、日本が好きになった。

私の中にも「大和魂」があることを知り、日本人であることを誇りに思った。

自分の生まれたところを愛する気持ちは、誰もが自然と持っている。

親を愛し、親孝行する。先祖を敬い、感謝の心を持つ。子を愛し、周囲の方々と仲良くする。自分の生まれたところに感謝し、誇りに思う。

そういった気持ちがベースとなって、自分の場所をより良くしていこうとする気持ちが湧いてくる。

目の前のことだけに気をとられていては、心が折れる。

しかし、ひとたび、先人の努力に思いを馳せると、自然と感謝の気持ちが出てくる。そして、まだ見ぬ子孫、１００年後、２００年後の日本に思いを馳せれば、責任感、使命感が湧いてくる。心が折れない理由が生まれてくる。

もし私たちが、現在、過去、未来の日本人が心から喜んでくれる生き方をするならば、「本当の自信」を持つことができる。今、私たち日本人は、先人から喜ばれ、後世から誇りとされる生き方が求められているといえる。

日本人の美しき伝統と習慣を守り、日本人らしく生きることから始めれば、きっとうまくいくと確信している。

日本人の美しき伝統と習慣を守り、日本人らしく生きることを心がければ、大きな自信と勇気が湧いてくることを確信している。なぜならば、それが日本人の私たちにとって、自然な生き方だからである。

人は、覚悟を決めて正しい努力を積み重ねていくと、天からご褒美をいただけるという。

このご褒美というのが、人との出逢いなのだ。

人は、自分で自分の可能性に気づくことは難しい。

だから、天は努力を続けた人にだけ、人との出逢いをプレゼントし、その人の可能性を気づかせてくれるのだという。出逢いは天からの贈り物なのだ。

私は、ウガンダでの任期終了後は、再び教職に戻ることを決めていた。

私の夢は、ウガンダでの学びを教育現場で生かし、日本一の教師になることだった。

だから、教師以外の仕事に就く自分の姿は想像できなかった。

しかし、私の転機は、同志・遠藤氏からの言葉にあった。

「小田島さん。たとえ、日本一の教師にならなくても人を感動させることはできる。小田島さんの話を必要としている人が日本にはたくさんいる。人にはそれぞれの役割がある。素晴らしいご縁を仕事に生かすことが、小田島さんの役割だと思うよ」

私の持つ可能性が遠藤氏との出逢いによって広がった瞬間だった。

お世話になった北海道、日本の方々へ、私にしかできない形で恩返しをしていく。そして、お世話になった教育界には現場でなく、外側から支援し、恩を返していこうと決意した。

遠藤氏との出逢いによって、私は自分の可能性を信じ、新しい道を歩み始めた。

私は現在、有限会社ゴーアヘッドジャパンで遠藤氏とともに、野球塾で小中学生に指導しながら、企業、学校、ＰＴＡで講演活動をしている。野球塾では、人間教育を根幹とした野球指導を行っている。

講演活動の中では、日本とウガンダ両国の教育現場での実践から学んだ、「教育の秘訣」「日本の素晴らしさ」を伝えさせていただいている。

日本は、決して「富んでいて貧しい国」ではなく、今よりさらに、物心両面で豊かになる可能性のある国である。

そしてそのヒントが、ウガンダのような発展途上国にある。

私たちは、ウガンダから日本人が忘れかけていることを学び、思い出すことができる。

私たちは、今一度本当に大切なことを守り、不必要なものを捨てる覚悟が必要である。

それができれば、かつての日本人がそうであったように、心豊かに生きることができるはずである。そのためにも、今後ともウガンダジェントルマンたちをしっかりとサポートし、お互いに学び合う関係でありたい。

日本人一人ひとりが、自らの可能性に気づき、「日本人という生き方」を大切にしたとき、日本は必ず良い方向に動いていくこととなる。

私は日本の底力を信じている。


私は、ウガンダにおいて、ＪＩＣＡウガンダ、ウガンダ日本大使館、そして、柏田社長をはじめとする日本人会の皆様から、公私にわたって多大なバックアップをいただき、充実した日々を過ごさせていただきました。

また、ウガンダ国際交流の際には、ウガンダ実行委員会、ナレッジプラザ、北海道西田会をはじめ、志ある皆様方からの多大なご支援とご協力がありました。

この場を借りて、皆様方に、心より感謝申し上げます。

最後に、執筆の機会を与えていただいたエイチエス株式会社の斉藤和則専務、そして、執筆に際し、いつも適切な助言をしていただいた株式会社チーム２－３の伊藤雅博さん、舟見恭子さんに、心より御礼申し上げます。

平成21年6月　小田島 裕一

小田島 裕一

株式会社　大和教育研究所　代表取締役

1968年札幌で生まれる。札幌にて中学英語教師として15年間、教育現場で「人づくり」に尽力する。

2006年6月より2年間、アフリカ・ウガンダ共和国へJICA 野球隊員として派遣され、国際貢献に尽力する。

「自分さえよければいい」というウガンダ野球選手に、日本の「躾」をわずか6ヶ月で定着させ、劇的なチーム変革に成功する。帰国後、日本とウガンダにおける「国境を越えた人間教育」で気づいた「今、日本に必要な教育」を伝えるべく、「立志塾」を主宰する。

「いまここ」に感謝し、「いまここ」この一瞬を大切に生き、「自らの天分を発揮する」人財の育成に努めている。

また、「教育」「日本」「志」をテーマに、全国各地で、講演を行なっている。

関連著書に「モチ論」「当たり前基準」（エイチエス）がある。

DVD「日本人という生き方」（有限会社ゴーアヘッドジャパン）も好評発売中

大和教育研究所HP　http://yamato-kyouiku.jp
Email　odajima@yamato-kyouiku.jp

エイチエス　既刊のご案内

考える野球

スポーツに！　ビジネスに！　人生に！
勝利をもたらす熱き成功術

著者　遠藤友彦
定価1500円（税込）

DVD&CD

きっとうまくいく ビジネスマン講座

2008年10月、札幌エルプラザで行われた
講演を完全収録！
北海道のビジネス書作家
3人による夢のコラボセミナー

定価4000円（税込）

ビジネスで成功する髪型の法則

ビジ髪

なぜ成功している社長の髪は
シチサンなのか？
「ビジネスで成功したい人に」
また「企業のガイドライン」として、
役立つ1冊

著者　柳本哲也
定価1600円（税込）

会社の危機を何とかしたいけど、やり方がわからないと悩んでいる

ひとりぼっちの 社長のための事業再生

札幌で中小企業の事業再生に
取り組むコンサルタントが
地方の中小企業の社長サン
あてに書いた、お手紙のような本

著者　山崎　誠
定価1365円（税込）

営業の大原則

売れちゃった営業の秘密

営業とは神様から
選ばれた人のみが就ける職業です。
50万人の営業パーソンを
幸せにする31の秘密を公開

著者
中村信仁
定価1365円(税込)

営業という生き方

「営業という職業を選んだのではない
営業という生き方を選んだのだ」
日本の営業パーソンへの
熱きメッセージ

著者
中村信仁
定価1470円(税込)

元ミスさっぽろ青山夕香の

モテる!!コミュニケーション

人からモテる！仕事からモテる！
みんながあなたを好きになる！
元ミスさっぽろの著者が
身につけたモテるための
コミュニケーションスキルが満載！

著者
青山夕香
定価1500円(税込)

村上スキーム

夕張／医療／教育 ―― 地域医療再生の方程式 ――

この本には、
本気の地域医療の
再生メソッドが詰まっている

著者
村上智彦
三井貴之
定価1575円(税込)

【日本人という生き方】

初　刷 ―― 二〇〇九年七月一日
第3刷 ―― 二〇一三年四月二十五日
著　者 ―― 小田島裕一
発行者 ―― 斉藤隆幸
発行所 ―― エイチエス株式会社　HS Co., LTD.
064-0822
札幌市中央区北2条西20丁目1・12 佐々木ビル
phone：011.792.7130　fax：011.613.3700
e-mail：info@hs-prj.jp　URL：www.hs-prj.jp
発売元 ―― 株式会社無双舎
151-0051
東京都渋谷区千駄ヶ谷3・16・3 メイゾン原宿303
phone：03.6438.1856　fax：03.6438.1859
http://www.musosha.co.jp/
印刷・製本 ―― 中央精版印刷株式会社

ISBN978-4-86408-920-3